实账实战演练系列 SHIZHANG SHIZHAN YANLIAN XILIE

根据我国最新《中华人民共和国会计法》《企业会计准则》编写

# 实账实战演练：跟我学做账

王德敏◎等编著

化学工业出版社

·北京·

《实账实战演练：跟我学做账》以“**图表＋实账＋演练**”的形式，通过**核算规范**和**实操演练**向做账人员展现各项经济业务的具体做账方法，既可指导做账新手**快速入门**，也可帮助企业稽查人员、内审人员以及企业管理者掌握做账的基础知识，且能提高企业管理水平。

《实账实战演练：跟我学做账》的第1章和第2章分别讲解了做账人员在做账实操前必须掌握的基础知识和操作基本功，通过生动的语言和丰富的插图，让读者读得进去，轻松把书“读厚”；第3章至第12章通过做账步骤和具体的核算规范，把企业整个经济管理事项的做账活动展现出来，有理有据，清晰明了。做账的具体操作共分为10章，包括凭证填制与审核，建账及账簿登记，资产类业务核算，负债类业务核算，所有者权益类业务核算，收入业务核算，成本和费用核算，利润及利润分配核算，对账、调账与结账，财务报表的编制等内容，以便做账新手轻松掌握会计做账的**实操**技能，**快速胜任**做账岗位的工作。

《实账实战演练：跟我学做账》适合做账新手、在职会计人员、企业稽查及内审人员、企业经营管理者、企业培训及咨询人员、高校财务管理专业师生阅读和使用。

**图书在版编目（CIP）数据**

实账实战演练：跟我学做账/王德敏等编著．—北京：化学工业出版社，2017.5（2018.4 重印）
ISBN 978-7-122-29208-7

Ⅰ.①实…　Ⅱ.①王…　Ⅲ.①会计方法　Ⅳ.①F23②F231.4

中国版本图书馆CIP数据核字（2017）第042905号

责任编辑：王淑燕　　文字编辑：尉迟梦迪
责任校对：边　涛　　装帧设计：史利平

出版发行：化学工业出版社（北京市东城区青年湖南街13号　邮政编码100011）
印　　刷：北京京华铭诚工贸有限公司
装　　订：北京瑞隆泰达装订有限公司
787mm×1092mm　1/16　印张11½　字数266千字　2018年4月北京第1版第2次印刷

购书咨询：010-64518888（传真：010-64519686）　售后服务：010-64518899
网　　址：http://www.cip.com.cn
凡购买本书，如有缺损质量问题，本社销售中心负责调换。

**定　　价：39.80元**

# 前言
Preface

“实账实战演练系列”图书，每本书都围绕着一个财会岗位或财务工作事项，设计该岗位或工作事项实操时应具备的**专业知识**、**实操规范**或标准以及**实操演练**，通过知识准备、实操规范或标准、实账演练等模块，向企业财务会计部门的会计、出纳、稽查、审计等岗位人员以及企业管理者提供了一整套集专业知识、操作规范或标准、实操演练于一体的实务用书。

《实账实战演练：跟我学做账》是“实账实战演练系列”图书中的一本，是一本既可以指导新手做账人员快速入门，又可帮助企业管理者掌握做账的基础知识，且能提高管理水平的必备的**操作示范工具书**。

本书从做账人员在实操前的**基础知识**、**操作基本功**入手，以《中华人民共和国会计法》和《企业会计准则》为依据，运用**图表**、**实账**、**演练**，以**“实用、易学、易懂”**为原则，将做账知识**由浅入深**、**循序渐进**地展现，旨在帮助第一次做账的新手能**快速胜任**做账岗位，**快速掌握**做账岗位的工作方法与操作技能。

本书具有以下四大特点。

**(1) 根据最新的法律规范编写**

本书严格按照全国人民代表大会常务委员会颁布的《中华人民共和国会计法》、财政部颁布的《企业会计准则》要求编写，并联系企业实际，有针对性地对经济活动事项进行做账。

**(2) 为企业6大类会计科目进行做账演练**

本书按照资产、负债、所有者权益、收入与成本和费用、利润及利润分配等6大类会计科目，详细介绍了这些类会计科目的做账规范和做账演练，以指导做账人员迅速胜任岗位工作。

**(3) 本书理论性强、技巧性强、专业性强**

本书汇集了4项做账基础知识、5项操作基本功、5步骤做账流程、6项会计核算业务，可谓是集“理论性强、技巧性强、专业性强、实操性强”等优点于一书，其结构清晰，内容丰富，涵盖了企业会计核算业务事项的各个方面，便于读者迅速完成从理论到实战的转化。

**（4）为做账人员提供自我培训用书**

本书对企业各项经济业务进行了做账实操演练，为做账、查账、稽核、内审岗位的人员提供了详细的操作标准和实操演练，基本上可以满足该岗位新上任人员的培训需求。因此，本书也可以作为企业为做账、查账、稽核、审计类岗位从业人员实施业务操作培训的指导用书。

在本书编写的过程中，孙立宏、孙宗坤、程富建、刘井学负责资料的收集和整理，贾月、董连香负责图表编排，刘丹梦编写了本书的第 1 章，王兰会、程淑丽编写了本书的第 2 章，关俊强、张天骄编写了本书的第 3 章，毕春月、张瑞军编写了本书的第 4 章，王淑敏、刘伟编写了本书的第 5 章，宋丽娜编写了本书的第 6 章，么秀杰编写了本书的第 7 章，张心编写了本书的第 8 章，于增元编写了本书的第 9 章，韩丽微编写了本书的第 10 章，康晓虹编写了本书的第 11 章，董金豹编写了本书的第 12 章，全书由王德敏、张瑞军统撰定稿。

**编著者**
**2017 年 2 月**

# 目录
Contents

# 会计做账必备的会计基础知识

## 1.1 会计专业知识

### 1.1.1 会计要素的含义及分类

会计要素是根据交易和事项的经济特征所确定的会计对象的基本分类。我国会计准则将会计要素界定为六个，其中反映财务状况的有资产、负债和所有者权益，反映经营成果的有收入、费用和利润，具体分类说明如表 1-1 所示。

表 1-1 会计要素分类说明表

| 分类 | 说明 |
| --- | --- |
| 资产 | 资产指由过去的交易、事项形成的，企业拥有或控制的，能以货币进行计量并能为企业带来未来经济利益的经济资源 |
| 负债 | 负债指由过去的交易、事项形成的，能以货币计量的，企业需承担并会导致经济利益减少的经济责任 |
| 所有者权益 | 所有者权益是企业所有者对企业净资产的所有权，等于企业资产扣除负债后的剩余权益 |
| 收入 | 收入是指企业在日常活动中形成的、将导致所有者权益增加的、与所有者投入资本无关的经济利益的总流入 |
| 费用 | 费用是指企业在日常活动中发生的，将导致所有者权益减少的、与向所有者分配利润无关的经济利益总流出 |
| 利润 | 利润是指企业一定期间的经营成果，包括营业利润、投资净收益和营业外收支净额 |

### 1.1.2 会计科目的分类与设置

会计科目是对会计要素的进一步细分，是企业会计核算和记账工作的基础，具体分为资产类、负债类、共同类、所有者权益类、成本类和损益类。会计人员设置会计科目必须严格遵照会计准则的规范要求，不得随意对科目进行更改。具体如表 1-2 所示。

### 1.1.3 借贷记账法的账户结构

借贷记账法是以“借”“贷”为记账符号，以“有借必有贷，借贷必相等”为记账规则，对每项经济业务都以相等的金额在两个或两个以上有关账户进行记录的一种复式记账法。

**表 1-2　会计科目一览表**

| 顺序号 | 编号 | 会计科目名称 | 顺序号 | 编号 | 会计科目名称 |
|---|---|---|---|---|---|
| | | 一、资产类 | 37 | 1606 | 固定资产清理 |
| 1 | 1001 | 库存现金 | 38 | 1611 | 未担保余值 |
| 2 | 1002 | 银行存款 | 39 | 1701 | 无形资产 |
| 3 | 1012 | 其他货币资金 | 40 | 1702 | 累计摊销 |
| 4 | 1101 | 交易性金融资产 | 41 | 1703 | 无形资产减值准备 |
| 5 | 1121 | 应收票据 | 42 | 1711 | 商誉 |
| 6 | 1122 | 应收账款 | 43 | 1801 | 长期待摊费用 |
| 7 | 1123 | 预付账款 | 44 | 1811 | 递延所得税资产 |
| 8 | 1131 | 应收股利 | 45 | 1821 | 独立账户资产 |
| 9 | 1132 | 应收利息 | 46 | 1901 | 待处理财产损益 |
| 10 | 1221 | 其他应收款 | | | 二、负债类 |
| 11 | 1231 | 坏账准备 | 47 | 2001 | 短期借款 |
| 12 | 1321 | 代理业务资产 | 48 | 2101 | 交易性金融负债 |
| 13 | 1401 | 材料采购 | 49 | 2201 | 应付票据 |
| 14 | 1402 | 在途物资 | 50 | 2202 | 应付账款 |
| 15 | 1403 | 原材料 | 51 | 2203 | 预收账款 |
| 16 | 1404 | 材料成本差异 | 52 | 2211 | 应付职工薪酬 |
| 17 | 1405 | 库存商品 | 53 | 2221 | 应交税费 |
| 18 | 1406 | 发出商品 | 54 | 2231 | 应付利息 |
| 19 | 1407 | 商品进销差价 | 55 | 2232 | 应付股利 |
| 20 | 1408 | 委托加工物资 | 56 | 2241 | 其他应付款 |
| 21 | 1411 | 周转材料 | 57 | 2314 | 代理业务负债 |
| 22 | 1461 | 融资租赁资产 | 58 | 2401 | 递延收益 |
| 23 | 1471 | 存货跌价准备 | 59 | 2501 | 长期借款 |
| 24 | 1501 | 持有至到期投资 | 60 | 2502 | 应付债券 |
| 25 | 1502 | 持有至到期投资减值准备 | 61 | 2701 | 长期应付款 |
| 26 | 1503 | 可供出售金融资产 | 62 | 2702 | 未确认融资费用 |
| 27 | 1511 | 长期股权投资 | 63 | 2711 | 专项应付款 |
| 28 | 1512 | 长期股权投资减值准备 | 64 | 2801 | 预计负债 |
| 29 | 1521 | 投资性房地产 | 65 | 2901 | 递延所得税负债 |
| 30 | 1531 | 长期应收款 | | | 三、共同类 |
| 31 | 1532 | 为实现融资收益 | 66 | 3101 | 衍生工具 |
| 32 | 1601 | 固定资产 | 67 | 3201 | 套期工具 |
| 33 | 1602 | 累计折旧 | 68 | 3202 | 被套期项目 |
| 34 | 1603 | 固定资产减值准备 | | | 四、所有者权益类 |
| 35 | 1604 | 在建工程 | 69 | 4001 | 实收资本 |
| 36 | 1605 | 工程物资 | 70 | 4002 | 资本公积 |

续表

| 顺序号 | 编号 | 会计科目名称 | 顺序号 | 编号 | 会计科目名称 |
|---|---|---|---|---|---|
| 71 | 4101 | 盈余公积 | 83 | 6111 | 投资损益 |
| 72 | 4103 | 本年利润 | 84 | 6301 | 营业外收入 |
| 73 | 4104 | 利润分配 | 85 | 6401 | 主营业务成本 |
| 74 | 4201 | 库存股 | 86 | 6402 | 其他业务成本 |
| | | 五、成本类 | 87 | 6403 | 税金及附加 |
| 75 | 5001 | 生产成本 | 88 | 6601 | 销售费用 |
| 76 | 5101 | 制造费用 | 89 | 6602 | 管理费用 |
| 77 | 5201 | 劳务成本 | 90 | 6603 | 财务费用 |
| 78 | 5301 | 研发支出 | 91 | 6604 | 勘探费用 |
| | | 六、损益类 | 92 | 6701 | 资产减值损失 |
| 79 | 6001 | 主营业务收入 | 93 | 6711 | 营业外支出 |
| 80 | 6051 | 其业务收入 | 94 | 6801 | 所得税费用 |
| 81 | 6061 | 汇兑损益 | 95 | 6901 | 以前年度损益调整 |
| 82 | 6101 | 公允价值变动损益 | | | |

会计账户分为资产类账户、负债类账户、所有者权益类账户、成本类账户、损益类账户五种，其结构说明如下。

（1）资产类账户结构

资产类账户反映资产类科目的增减变动，借方代表增加，贷方代表减少，且期初余额与期末余额均在借方，具体结构样式如图 1-1 所示。

| 借方 | 账户名称 | | 贷方 |
|---|---|---|---|
| 期初余额 | ××× | | |
| 本期增加数 | ××× | 本期减少数 | ××× |
| 本期发生额 | ××× | 本期发生额 | ××× |
| 期末余额 | ××× | | |

图 1-1 资产类账户结构样式

（2）负债类账户结构

负债类账户反映负债类科目的增减变动，其结构样式与资产类账户相反，借方代表减少，贷方代表增加，且期初余额与期末余额均在贷方，具体结构样式如图 1-2 所示。

（3）所有者权益类账户结构

所有者权益类账户反映所有者权益类科目的增减变动，借方代表减少，贷方代表增加，且期初余额与期末余额均在贷方，与负债类账户结构基本相同。

（4）成本类账户结构

成本类账户反映成本类科目的增减变动，借方代表增加，贷方代表减少，没有期初余额与期末余额，具体结构样式如图 1-3 所示。

账户名称

| 借方 | | 贷方 | |
|---|---|---|---|
| | | 期初余额 | ××× |
| 本期减少数 | ××× | 本期增加数 | ××× |
| 本期发生额 | ××× | 本期发生额 | ××× |
| | | 期末余额 | ××× |

图 1-2 负债类账户结构样式

账户名称

| 借方 | | 贷方 | |
|---|---|---|---|
| 本期增加数 | ××× | | |
| | ××× | 本期减少数或转销数 | ××× |
| 本期发生额 | ××× | 本期发生额 | ××× |

图 1-3 成本类账户结构样式

（5）损益类账户结构

① 收入类账户结构。

收入类账户反映各类收入科目的增减变动，借方代表减少，贷方代表增加，没有期初余额与期末余额，具体结构样式如图 1-4 所示。

账户名称

| 借方 | | 贷方 | |
|---|---|---|---|
| 本期减少数或转销数 | ××× | 本期增加数 | ××× |
| 本期发生额 | ××× | 本期发生额 | ××× |

图 1-4 收入类账户结构样式

② 费用类账户结构。

费用类账户反映各类费用科目的增减变动，其结构样式与收入类账户相反，借方代表增加，贷方代表减少，同样没有期初余额与期末余额，与成本类账户结构基本相同。

## 1.2 银行结算知识

### 1.2.1 银行结算账户的开立

一般情况下，企业会涉及的银行结算账户主要包括基本存款账户、一般存款账户、专用存款账户和临时存款账户四种，其具体的开立条件如表 1-3 所示。

**表 1-3 银行结算账户的开立条件**

| 银行结算账户 | 开立条件 |
|---|---|
| 基本存款账户 | 企业均可开立基本存款账户，且具有唯一性，开立时要持有开户人的身份证，以及单位证明、单位的委托书、营业执照、税务登记证和组织机构代码等证明文件 |
| 一般存款账户 | 开立一般存款账户没有数量限制，企业可自主选择合适银行，但不能在开立基本存款账户的银行开户。企业申请开立一般存款账户，应填制开户申请书，并提交如下证明文件<br>①开立基本存款账户规定的证明文件<br>②基本存款账户开户许可证<br>③存款人因向银行借款需要，应出具借款合同<br>④存款人因资金结算需要，应出具有关证明 |

续表

| 银行结算账户 | 开立条件 |
| --- | --- |
| 专用存款账户 | 根据《人民币银行结算账户管理办法》第十九条的规定，企业申请开立专用存款账户，应向银行出具其开立基本存款账户规定的证明文件、基本存款账户开户许可证和下列证明文件<br>①基本建设资金、更新改造资金、政策性房地产开发资金、住房基金、社会保障基金，应出具主管部门批文<br>②财政预算外资金，应出具财政部门的证明<br>③粮、棉、油收购资金，应出具主管部门批文<br>④单位银行卡备用金，应按照中国人民银行批准的银行卡章程的规定出具有关证明和资料<br>⑤证券交易估算资金，应出具证券公司或证券管理部门的证明<br>⑥期货交易保证金，应出具期货公司或期货管理部门的证明<br>⑦金融机构存放同业资金，应出具相关证明<br>⑧收入汇缴资金和业务支出资金，应出具基本存款账户存款人有关的证明<br>⑨党、团、工会设在单位的组织机构经费，应出具该单位或有关部门的批文或证明<br>⑩其他按规定需要专项管理和使用的资金，应出具有关法规、规章或政府部门有关文件 |
| 临时存款账户 | 根据《人民币银行结算账户管理办法》第二十一条和《人民币银行结算账户管理办法实施细则》的有关规定，存款人申请开立临时存款账户，应向银行出具下列证明文件<br>①临时机构，应出具其驻地主管部门同意设立临时机构的批文<br>②异地建筑施工及安装单位，应出具其营业执照正本或其隶属单位的营业执照正本，以及施工及安装地建设主管部门核发的许可证或建筑施工及安装合同<br>③异地从事临时经营活动的单位，应出具其营业执照正本以及临时经营地工商行政管理部门的批文<br>④注册验资资金，应出具工商行政管理部门核发的企业名称预先核准通知书或有关部门的批文<br>⑤境外(含港澳台地区)机构在境内从事经营活动的，应当出具政府有关部门批准其从事该项活动的证明文件<br>⑥增资验资资金，应当出具股东会或董事会决议等证明文件<br>上述②③⑥情形，存款人还应出具其基本存款账户开户许可证 |

## 1.2.2 银行结算账户的使用

银行结算账户的用途及使用规定说明如表1-4所示。

**表1-4 银行结算账户的用途及使用规定**

| 银行结算账户 | 用途 | 使用规定 |
| --- | --- | --- |
| 基本存款账户 | 办理日常转账结算和现金收付需要开立 | 一个单位只能开立一个基本存款账户。存款人日常经营活动的资金收付及其工资、奖金和现金的支取，应通过基本存款账户办理 |
| 一般存款账户 | 因借款或其他结算需要，在基本存款账户开户银行以外的银行营业机构开立 | 用于办理存款人借款转存、借款归还和其他结算的资金收付。一般存款账户可以办理现金缴存，但不得支取现金 |

续表

| 银行结算账户 | 用途 | 使用规定 |
| --- | --- | --- |
| 专用存款账户 | 对有特定用途资金进行专项管理和使用 | ①单位银行卡账户的资金(备用金)须由其基本存款账户转账存入。该账户不得办理现金收付业务<br>②财政预算外资金、证券交易结算资金、期货交易保证金和信托基金专用存款账户不得支取现金<br>③基本建设资金、更新改造资金、政策性房地产开发资金、金融机构存放同业资金账户需要支取现金,应在开户时报中国人民银行当地分支行批准<br>④粮、棉、油收购资金,社会保障基金,住房基金和党、团、工会经费等专用存款账户支取现金应按照国家现金管理的规定办理<br>⑤收入汇缴账户除向其基本存款账户或预算外资金财政专用存款账户划缴款项外,只收不付,不得支取现金。业务支出账户除从其基本存款账户拨入款项外,只付不收,其现金支取必须按照国家现金管理的规定办理 |
| 临时存款账户 | 临时需要并在规定期限内使用 | 办理临时机构及存款人临时经营活动发生的资金收付。有效期限最长不得超过 2 年。注册验资的临时存款账户在验资期间只收不付 |

### 1.2.3 银行结算账户的管理

银行结算账户的管理事项包括：实名制管理、账户变更事项的管理、存款人预留银行签章的管理、对账管理。具体规范如表 1-5 所示。

**表 1-5 银行结算账户管理事项说明表**

| 管理事项 | 具体规范 |
| --- | --- |
| 实名制管理 | 企业应按照账户管理规定使用银行结算账户办理结算业务,不得出租、出借银行结算账户,不得利用银行结算账户套取银行信用或进行洗钱活动 |
| 账户变更事项管理 | 企业申请临时存款账户展期,变更、撤销单位银行结算账户以及补(换)发开户许可证时,可由法定代表人或企业负责人直接办理,也可授权他人办理 |
| 存款人预留银行签章管理 | ①单位遗失预留公章或财务专用章:应向开户银行出具书面申请、开户许可证、营业执照等相关证明文件;更换预留公章或财务专用章时,应向开户银行出具书面申请、原预留公章或财务专用章等相关证明文件<br>②个人遗失或更换预留个人印章或更换签字人:应向开户银行出具经签名确认的书面申请,以及原预留印章或签字人的个人身份证件 |
| 对账管理 | 银行结算账户的存款人应与银行按规定核对账务 |

## 1.3 发票基础知识

### 1.3.1 发票种类及票面特征

常见的发票有三种：增值税普通发票、增值税专用发票和专业发票。

(1) 增值税普通发票的特征

增值税普通发票的主要特征如下。

① 发票上有椭圆形发票监制章，上环刻制“全国统一发票监制章”字样，下环刻制“国家税务局监制”或“地方税务局监制”字样，中间刻制税务机关所在地的全称或简称，套印在发票联和票头中央，发票监制章是识别发票真伪的重要标志；

② 普通发票的发票联采用专用水印纸印制，用肉眼可看到发票联水印图案为菱形，中间标用“SW”，对着光线可见水印图案呈透明状；

③ 新版普通发票的发票监制章和发票字轨号码采用有色荧光油墨套印，印色为大红色，用紫外线灯照射有橘红色反应。

（2）增值税专用发票的特征

增值税专用发票只限于增值税一般纳税人领购使用，增值税小规模纳税人和非增值税纳税人不得领购使用。其主要特征如下。

① 在发票联和抵扣联印有防伪水印图案，中间有拼音字母“shui”，中间采用无色荧光油墨套印“国家税务总局监制”字样，左右两边各印有花纹图案，背面对光检查，可以看到水印防伪图案；

② 发票联和抵扣联中票头套印的全国统一发票监制章有红色荧光防伪标记；

③ 增值税专用发票号码采用异型号码字体印刷。

（3）专业发票的特征

专业发票可由政府主管部门自行管理，不套印税务机关的统一发票监制章，也可以根据税收征管的要求纳入统一发票管理。日常生活常接触的专用发票有汇兑、转账凭证，保险凭证和机票等。其主要特征如下：

① 凭证联和收据联中票头套印的统一票据监制章有红色荧光防伪标记；

② 凭证联和收据联盖有收款单位的发票专用章。

### 1.3.2 增值税专用发票的管理

（1）增值税专用发票的内容和式样

一般纳税人销售货物或应税劳务，应当向购买方开具增值税专用发票，并在增值税专用发票上分别注明销售额和销项税额。

增值税专用发票的内容，除一般发票应有的发票名称、发票号码、联次及用途、客户名称、商品名称或经营项目、计量单位、数量、单价、大小写金额、开票人、开票的日期、开票单位名称等外，还包括购货人地址、购货人增值税登记号、增值税税率、供货方名称、地址及增值税登记号。

增值税专用发票一式四联：第一联为存根联，第二联为发票联，第三联为抵扣联，第四联为记账联。

（2）增值税专用发票的开具范围及要求

按照税法规定，除了按规定不得开具增值税专用发票的情形以外，一般纳税人销售货物（包括视同销售货物）、提供应税劳务以及按照规定应当征缴增值税的非应税劳务（指混合销售中的非应税劳务、兼营的非应税劳务等），均应按规定向购买方开具增值税专用发票。

按照规定，企业必须按照下列要求开具增值税专用发票。

① 字迹清楚。

② 不得涂改。如果发生填写错误应当另行开具增值税专用发票，并将填写错误的增值

税专用发票上注明“误填作废”字样予以作废。如果增值税专用发票开具后因购货方没索取而成为废票的，也应当按填写有误办理。

③ 项目填写齐全。

④ 票、物相符，票面金额与实际收取的金额相符。

⑤ 各项目内容正确无误。

⑥ 全部联次一次性填开，上、下联的内容和金额一致。

⑦ 发票联和抵扣联须加盖销售单位的发票专用章或财务专用章，不得加盖其他财务印章。按照规定，根据不同版本的增值税专用发票，财务专用章或发票专用章分别加盖在增值税专用发票的左下角或右下角，覆盖“开票单位”一栏。财务专用章或发票专用章用红色印泥。

⑧ 按规定时限开具增值税专用发票。

⑨ 不得开具伪造的增值税专用发票。

⑩ 不得拆本使用增值税专用发票。

不符合上述要求的增值税专用发票，不得作为扣税凭证，购买方有权拒绝接受。

（3）增值税专用发票的抵扣规定

按照规定，除购进免税农产品和自营进口货物外，一般纳税人购进货物有下列情况之一的，不得抵扣进项税额，如其购进应税项目的进项税额已经抵扣，应从税务机关发现其有下述情形的当期的进项税额中扣减。

① 未按规定取得增值税专用发票。

② 未按规定保管增值税专用发票。

③ 销售方开具的增值税专用发票不符合前述开具增值税专用发票的要求。

有下列情形之一的，为上述未按规定保管增值税专用发票。

① 未从销售方取得增值税专用发票。

② 只取得记账联或者只取得抵扣联。

有下述情形之一的，为上述所称未按规定保管增值税专用发票。

① 未按照税务机关的要求建立增值税专用发票管理制度。

② 未按照税务机关的要求设专人保管增值税专用发票。

③ 未按照税务机关的要求设置专门存放增值税专用发票的场所。

④ 税款抵扣联未按税务机关的要求装订成册。

⑤ 未经税务机关查验擅自销毁增值税专用发票的基本联次。

⑥ 丢失增值税专用发票。

⑦ 损（撕）毁增值税专用发票。

⑧ 未执行国家税务总局或其直属分局提出的其他有关保管增值税专用发票的要求。

⑨ 按照规定，凡是超面额开具增值税专用发票（指纳税人在增值税专用发票“金额”栏逐行或合计行填写的销售额超过了该栏的最高金额单位）的，也属于未按规定开具增值税专用发票；使用十万元版增值税专用发票，其填写的销售金额必须达到所限面额的最高一位，否则也按未按规定填开增值税专用发票处理。这两种情况的增值税专用发票，其抵扣联不得作为扣税凭证。

另外，按规定，对于销售货物或应税劳务收取价外费用以及汇总开具增值税专用发票，发生下列情形之一的，其增值税专用发票不得作为税款的抵扣凭证：

① 只有汇总填开的增值税专用发票而无销货清单的；

② 只有价、费汇总填开的增值税专用发票而无价外费用项目表的；

③ 只有销货清单或价外费用项目表而无增值税专用发票的；

④ 销货清单或价外费用项目表未加盖销货方财务专用章或发票专用章的。

### 1.3.3 红字发票的开票规范

红字发票有两种，分别是红字普通发票和红字增值税专用发票。

（1）红字普通发票开票规范

《中华人民共和国发票管理办法实施细则》第二十七条规定："开具发票后，如发生销货退回需开红字发票的，必须收回原发票并注明'作废'字样或取得对方有效证明。开具发票后，如发生销售折让的，必须在收回原发票并注明'作废'字样后重新开具销售发票或取得对方有效证明后开具红字发票。"

企业红字普通发票开票的具体规范如下。

① 购货方和销货方均未作账务处理的，销货方必须收回原发票并注明"作废"字样，与存根联及其他联次一起粘贴以备核查。

② 购货方未作账务处理，销货方已作账务处理的，销货方必须收回原发票后开具蓝字退货进仓单，方可开具等额的红字发票。同时，必须把红字发票记账联撕下作为冲账凭证，其余联次不得撕下，并把收回的原发票粘贴在红字发票存根联背面以备核查。

③ 购货方已作账务处理的，不论销货方是否已作账务处理，销货方须取得购货方出具的有效书面证明，填制蓝字退货进仓单后，方可开具等额的红字发票。

④ 购货方的有效书面证明必须记载与发票和销货清单内容一致的事项，包括原发票联的复印件和银行收款进账单（原已付款的），以及退货的原因并加盖购货方单位印章或财务专用章。

⑤ 除上述①、②情形外，销货方须以购货方的有效书面证明、蓝字退货进仓单和红字发票记账联作为账务处理相应的会计记账凭证。

（2）红字增值税专用发票开票规范

对于一般纳税人，在取得增值税专用发票后，发生销货退回、开票有误等情形但不符合作废条件的，或者因销货部分退回及发生销售折让的，购买方应填报"开具红字增值税专用发票申请单"，由购买方主管税务机关审核后，出具"开具红字增值税专用发票通知单"，销货方凭购买方提供的"开具红字增值税专用发票通知单"开具红字发票；对于销货方提出申请的，可由销货方主管税务机关直接根据纳税人填报的"开具红字增值税专用发票申请单"开具"开具红字增值税专用发票通知单"。

### 1.3.4 发票丢失的处理方法

《中华人民共和国发票管理办法实施细则》第三十一条规定："使用发票的单位和个人应当妥善保管发票。发生发票丢失情形时，应当于发现丢失当日书面报告税务机关，并登报声明作废。"

发票丢失可分为以下三种情况：发票未开出即丢失，发票开出未认证时丢失，发票开出并认证时丢失。下面就对这三种情况的处理方法进行描述。

（1）发票未开出即丢失

发票未开出即丢失的处理方法如下：

① 购票单位应于事发当日书面报告国税机关，报告内容包括专用发票份数、字轨号码、盖章与否等情况；

② 通过国税机关在《中国税务报》上刊登“遗失声明”；

③ 使用防伪税控系统开票的一般纳税人，还应持 IC 卡到国税机关办理电子发票退回手续。

（2）发票开出未认证时丢失

这种情况下又分为三种情况，具体处理方法如表 1-6 所示。

**表 1-6　发票开出未认证时丢失情况的处理方法**

| 具体情况 | | 处理方法 |
| --- | --- | --- |
| 丢失发票联 | | ①使用专用发票抵扣联到主管税务机关(正常)认证<br>②将专用发票抵扣联作为记账凭证<br>③专用发票抵扣联复印件留存备查 |
| 丢失抵扣联 | | ①使用专用发票发票联到主管税务机关(正常)认证<br>②将专用发票发票联作为记账凭证<br>③专用发票发票联复印件留存备查 |
| 丢失发票联和抵扣联 | 购买方的处理方式 | ①购买方凭销售方提供的相应专用发票记账联复印件到主管税务机关进行认证<br>②销售方所在地主管税务机关出具“丢失增值税专用发票已报税证明单”<br>③认证相符的凭该专用发票记账联复印件及销售方所在地主管税务机关出具的“丢失增值税专用发票已报税证明单”，经购买方主管税务机关审核同意后，可作为增值税进项税额的抵扣凭证 |
| | 开票方的处理方式 | ①提供发票复印件<br>②开票方税务局开具“丢失增值税专用发票已报税证明单”<br>③将两者交由收票方主管税务机关审核，同意后，才可作为增值税进项税额的抵扣凭证 |

（3）发票开出并认证时丢失

发票开出并认证时丢失，可具体分为三种情况，具体如表 1-7 所示。

**表 1-7　发票开出并认证时丢失的处理方法**

| 具体情况 | 处理方法 |
| --- | --- |
| 丢失发票联 | ①使用专用发票抵扣联作记账凭证<br>②使用专用发票抵扣联复印件留存备查 |
| 丢失抵扣联 | 使用专用发票发票联复印件留存备查 |
| 丢失发票联和抵扣联 | ①开票方需要复印发票复印件，并由开票方税局开具“丢失增值税专用发票已报税证明单”<br>②由收票方主管税务机关审核同意后，才可作为增值税进项税额的抵扣凭证 |

# 1.4 纳税基础知识

## 1.4.1 税法构成要素

税法构成要素，是指各种单行税法具有的共同的基本要素的总称。这一概念有以下基本含义：一是税法要素既包括实体性的，也包括程序性的；二是税法要素是所有完善的单行税法都共同具备的，仅为某一税法所单独具有而非普遍性的内容不构成税法要素，如扣缴义务人。

具体来讲，税法的构成要素如表 1-8 所示。

**表 1-8 税法的构成要素**

| 构成要素 | 具体说明 |
| --- | --- |
| 纳税主体 | 指税法规定的直接负有纳税义务的自然人、法人或其他组织 |
| 征税对象 | 征税对象按其性质不同，通常划分为流转额、所得额、财产及行为四大类 |
| 税率 | 是应纳税额与课税对象之间的数量关系或比例，是计算税额的尺度。税率主要有比例税率、累进税率和定额税率三种基本形式 |
| 纳税环节 | 指商品在整个流转过程中按照税法规定应当缴纳税款的阶段 |
| 纳税期限 | 是税法规定的纳税主体向税务机关缴纳税款的具体时间。纳税期限是衡量征纳双方是否按时行使征税权力和履行纳税义务的尺度。纳税期限一般分为按次征收和按期征收两种 |
| 纳税地点 | 指缴纳税款的场所。纳税地点一般为纳税人的住所地，也有规定在营业地、财产所在地或特定行为发生地的 |
| 税收优惠 | 指税法对某些特定的纳税人或征税对象给予的一种免除规定，它包括减免税、税收抵免等多种形式。税收优惠按照优惠目的通常可以分为照顾性和鼓励性两种；按照优惠范围可以分为区域性和产业性两种 |
| 税务争议 | 指税务机关与税务管理相对人之间因确认或实施税收法律关系而产生的纠纷。解决税务争议主要通过税务行政复议和税务行政诉讼两种方式，并且一般要以税务管理相对人缴纳税款为前提。在税务争议期间，税务机关的决定不停止执行 |
| 税收法律责任 | 是税收法律关系的主体因违反税法所应当承担的法律后果。税法规定的法律责任形式主要有三种：一是经济责任，包括补缴税款、加收滞纳金等；二是行政责任，包括吊销税务登记证、罚款、税收保全及强制执行等；三是刑事责任，对违反税法情节严重构成犯罪的行为，要依法承担刑事责任 |

## 1.4.2 税收法律关系要素

税收法律关系是由税收法律规范确认和调整的、国家和纳税人之间发生的具有权利和义务内容的社会关系。税收法律关系的一方主体始终是国家，税收法律关系主体双方具有单方面的权利与义务内容。

税收法律关系的产生以纳税人发生了税法规定的行为或事实为根据。

税收法律关系的要素包括如下三个方面。

（1）税收法律关系的主体

也称“税法主体”，是指在税收法律关系中享有权利和承担义务的当事人，主要包括国家、征税机关、纳税人和扣缴义务人。

（2）税收法律关系的内容

是指税收法律关系主体所享有的权利和所承担的义务，主要包括纳税人的权利义务和征税机关的权利义务。

（3）税收法律关系的客体

是指税收法律关系主体的权利义务所指向的对象，主要包括货币、实物和行为。

### 1.4.3 纳税人资格认定

（1）一般纳税人的资格认定

增值税一般纳税人指年应税销售额超过《增值税暂行条例》实施细则规定的小规模纳税人标准的企业和企业性单位。增值税一般纳税人是一种法定资格，必须向税务机关办理认定手续方可取得。

（2）小规模纳税人的资格认定

从事货物生产或者提供应税劳务的纳税人，以及以从事货物生产或者提供应税劳务为主，并兼营货物批发或者零售纳税人，年应征增值税销售额在50万元以下。除上述规定以外的纳税人，年应税销售额在80万元以下的，以从事货物生产或者提供应税劳务为主，且纳税人的年货物生产或者提供应税劳务的销售额占年应税销售额的比重在50%以上的。

小规模纳税人，即应税服务的年应征增值税销售额（以下称应税服务年销售额）未超过500万元（≤500万元）的纳税人。相关政策规定，应税服务年销售额超过规定标准的其他个人不属于一般纳税人；非企业性单位、不经常提供应税服务的企业和个体工商户，应税服务年销售额超过一般纳税人标准可选择按照小规模纳税人纳税。

（3）营改增纳税人的资格认定

营业税改征增值税纳税人分为一般纳税人和小规模纳税人。应税服务年销售额超过财政部和国家税务总局规定标准的纳税人为一般纳税人，未超过规定标准的纳税人为小规模纳税人。

### 1.4.4 纳税申报规范

（1）纳税申报内容规范

企业纳税申报的内容，一般包括纳税申报表、纳税申报提交的证件及资料等，具体说明如下。

① 纳税申报表。

总体来说，纳税申报表主要包括图1-5所示的八项内容。

② 纳税申报时应提交的证件及资料。

企业在办理纳税申报时，应当根据不同情况提交下列证件和资料。

a. 财务、会计报表及其说明材料。

b. 与纳税有关的合同、协议书、联营企业利润转移单。

c. 外出经营活动税收管理证明。

d. 境内或者境外公证机构出具的有关证明文件。

e. 增值税专用发票领、用、存月报表以及增值税进项税额和销项税额明细表。

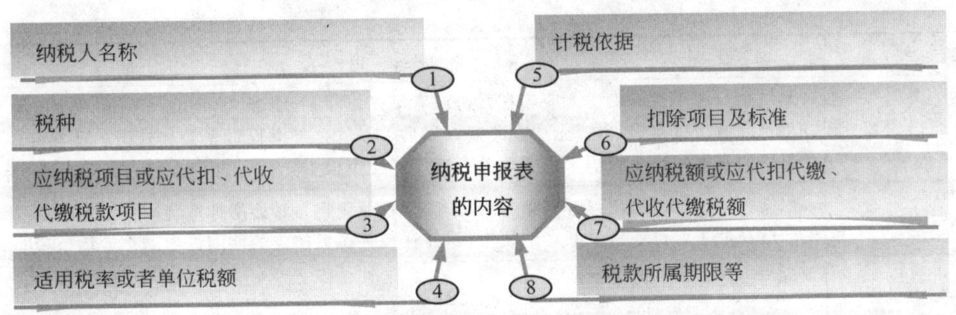


图 1-5 纳税申报表的内容

f. 增值税纳税人先征税后返还申请表。

g. 税控装置的电子报税资料。

h. 代扣代缴、代收代缴税款的合法凭证。

i. 主管税务机关要求提供的其他证件和资料。

（2）纳税申报期限规范

纳税申报期限一般包括按期申报、按期顺延和延期办理三种情况。

① 按期申报。按规定期限纳税申报一般包括按税收法律、行政法规规定的期限和按主管税务机关确定的期限两种。表 1-9 为各主要税种纳税申报的期限说明，供读者参考。

**表 1-9 各主要税种纳税申报期限表**

| 主要税种 | 纳税申报期限 |
|---|---|
| 增值税 | 根据《增值税暂行条例》第二十三条的规定，纳税人以 1 个月或者 1 个季度为 1 个纳税期的，自期满之日起 15 日内申报纳税；以 1 日、3 日、5 日、10 日或者 15 日为 1 个纳税的，自期满之日起 5 日内预缴税款，于次月 1 日起 15 日内申报纳税并结清上月应纳税款 |
| 消费税 | 根据《消费税暂行条例》第十四条规定，纳税人以 1 个月或者 1 个季度为 1 个纳税期的，自期满之日起 15 日内申报纳税；以 1 日、3 日、5 日、10 日或者 15 日为 1 个纳税期的，自期满之日起 5 日内预缴税款，于次月 1 日起 15 日内申报纳税并结清上月应纳税款 |
| 契税 | 根据《契税暂行条例》第八条和第九条的规定，企业应当在签订土地、房产权属转让合同之日起 10 日内，向土地、房屋所在地的契税征收机关办理纳税申报，并在契税征收机关核定的期限内缴纳税款 |
| 关税 | 根据《进出口关税条例》的相关规定，企业进口货物应自运输工具申报进境之日起 14 日内，企业出口货物的除海关特准的外，应当在货物运抵海关监管区后、装货的 24 小时以前，向货物的进出境地海关申报。在进口货物到达前，企业经海关核准也可先行申报 |
| 房产税 | 《根据房产税暂行条例》第七条的规定，房产税采取按年征收、分期缴纳的征税方式。具体的纳税期限和申报方式由省、自治区、直辖市人民政府规定 |
| 印花税 | 《印花税暂行条例实施规则》第二十二条规定，汇总缴纳的限期额由当地税务机关确定，但最长期限不得超过 1 个月 |
| 车船税 | 《车船税暂行条例》第八条规定，车船税按年申报缴纳。具体申报纳税期限由省、自治区、直辖市人民政府确定 |
| 资源税 | 《资源税暂行条例》第十三条和第十四条规定，纳税人的纳税期限为 1 日、3 日、5 日、10 日、15 日或者 1 个月，由主管税务机关根据实际情况具体核定。不能按固定期限计算纳税的，可以按次计算纳税<br>纳税人以 1 个月为一期纳税的，自期满之日起 10 日内申报纳税；以 1 日、3 日、5 日、10 日或者 15 日为一期纳税的，自期满之日起 5 日内预缴税款，于次月 1 日起 10 日内申报纳税并结清上月税款 |

续表

| 主要税种 | 纳税申报期限 |
| --- | --- |
| 企业所得税 | 缴纳企业所得税的纳税人应当在月份或者季度终了后15日内，向其所在地主管国家税务机关办理预缴所得税申报；内资企业在年度终了后45日内，外商投资企业和外国企业在年度终了后4个月内向其所在地主管国家税务机关办理所得税申报 |
| 土地增值税 | 根据《土地增值税暂行条例》第十条的规定，企业应当自转让房地产合同签订之日起7日内向房地产所在地主管税务机关办理纳税申报，并在税务机关核定的期限内缴纳土地增值税 |
| 个人所得税 | 分为按月、按年、按次缴纳 |
| 城镇土地使用税 | 根据《城镇土地使用税暂行条例》第八条的规定，城镇土地使用税按年计算，分期缴纳。缴纳期限由省、自治区、直辖市人民政府确定 |
| 城市维护建设税 | 城市维护建设税是企业在缴纳增值税、消费税时，应当一并缴纳的税收，因此，城市维护建设税的申报期限同增值税、消费税的纳税申报期限是一致的 |

② 按期顺延。按期顺延是指当企业办理纳税申报时，如果在法定或主管税务机关所确定的纳税申报期限的最后一天，遇到公休日或节假日，可以相应地向后顺延。

③ 延期办理。企业在生产经营过程中，难免会因出现意料不到的特殊情况而无法按照确定的期限进行纳税申报。按照税收法律、行政法规的规定，当企业按照规定的期限办理纳税申报或者报送代扣代缴、代收代缴税款报告书确有困难需要延期申报时，可以在规定的申报期限内向主管税务机关提出书面延期申请，经税务机关核准，在核准的期限内申报。

Chapter 02

# 会计做账须掌握的操作基本功

## 2.1 书写阿拉伯数字

### 2.1.1 阿拉伯数字书写方法

（1）阿拉伯数字的标准写法

① 书写数字时应自上而下、先左后右，一个一个地认真书写，不得连笔写，以免分辨不清。

② 字体要各自成形，大小均衡，排列整齐，字迹工整、清晰。

③ 有圆的数字，如 6、8、9、0 等，圆圈必须封口。

④ 同行的相邻数字之间要空出半个阿拉伯数字的位置。

⑤ 每个数字要紧靠凭证或账表行格底线书写，字体高度占行格高度的 1/2 以下，不能写满格，以便留有改错的空间。

⑥“6”字要比一般数字向右上方长出 1/4，“7”“9”字要向左下方（过底线）长出1/4，“4”不封口。

⑦ 字体要自右上方向左下方倾斜写，倾斜度约为 60°。

（2）阿拉伯数字参考字体

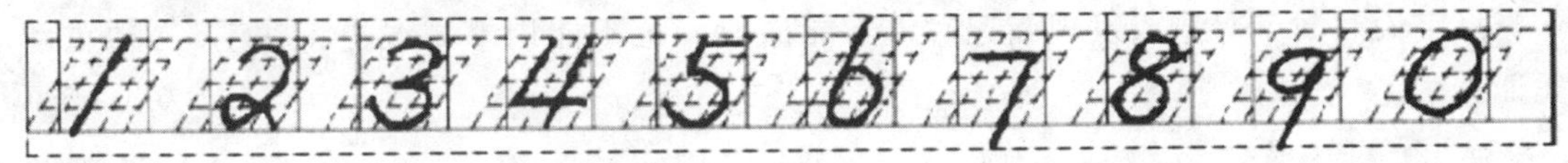


### 2.1.2 书写错误的订正方法

在记录账簿时，阿拉伯数字书写错误，不能仅就某个数字涂改更正，应该采用“划线更正法”更正。划线更正法就是在包含错误数字的全部数字正中间划一条红线表示注销，然后用蓝字再将正确的数字写在被注销数字的上方，并由更改人员在更正处加盖经手人私章以示负责。

阿拉伯数字出现书写错误时的更正方法如表 2-1 所示。

表 2-1　阿拉伯数字出现书写错误时的更正方法

| 错误的更正方法 | | | | | | | 正确的更正方法 | | | | | | |
|---|---|---|---|---|---|---|---|---|---|---|---|---|---|
| | 5 | 2 | 1 | 7 | 4<br>~~3~~ | 3<br>~~4~~ | | 5<br>~~5~~ | 2<br>~~2~~ | 1<br>~~1~~ | 7<br>~~7~~ | 4<br>~~3~~ | 3<br>~~4~~ |
| | | 6 | 3<br>~~8~~ | 1 | 2 | 9 | | | 6<br>~~6~~ | 3<br>~~8~~ | 1<br>~~1~~ | 2<br>~~2~~ | 9<br>~~9~~ |
| ~~4~~ | ~~5~~ | 4 | 5 | 0 | 0 | 0 | ~~4~~ | ~~5~~ | 4<br>~~0~~ | 5<br>~~0~~ | 0<br>~~0~~ | 0<br>~~0~~ | 0<br>~~0~~ |

## 2.2 书写汉字大写数字

### 2.2.1　大写数字的书写方法

（1）汉字大写数字的标准写法

① 汉字大写数字要以正楷或行书字体书写，不得连笔写。

② 不允许使用未经国务院公布的简化字或谐音字。大写数字一律用“壹、贰、叁、肆、伍、陆、柒、捌、玖、拾、佰、仟、万、亿、元、角、分、零、整”等。不得用“毛”代替“角”，“另”代替“零”。

③ 字体要各自成形，大小均衡，排列整齐，字迹要工整、清晰。

（2）大写数字参考字体

壹　贰　叁　肆　伍　陆　柒　捌　玖　拾

佰　仟　万　亿　元　角　分　零　整

### 2.2.2　书写错误的订正方法

当汉字大写数字写错或发现漏记时，不能涂改，也不能用“划线更正法”，必须重新填写凭证。

## 2.3 填写票据/凭证

### 2.3.1　会计摘要的填写方法

（1）会计凭证中的摘要栏

会计凭证中有关经济业务内容的“摘要”必须真实。在填写“摘要”时，既要简明，又要全面、清楚，应以说明问题为主。一般来说，写物要有名称、数量、单价；写事要有过程；银行结算凭证要注明支票号码、去向；送存款项，要注明现金、支票、汇票等。遇有冲转业务，不能只写冲转，应写明冲转的年、月、日、某项业务和凭证号码，也不能只写对方账户。要求“摘要”能够正确、完整地反映经济活动和资金变化的来龙去脉，切忌含混不清。

（2）会计账簿中的摘要栏

账簿上的“摘要栏”应依据记账凭证上的“摘要”填写，其简明程度以能从账簿上看出经济业务的基本内容为限。不能过于详细以至栏内书写不开，有失账面整洁，也不能过于简单看不出经济业务的基本情况，遇有查询还得查阅会计凭证，更不能画点或空白不填。

### 2. 3. 2　出票日期的填写方法

票据的出票日期必须使用中文大写。为防止变造票据的出票日期，在填写月、日时，月为壹至壹拾的，日为壹至玖和壹拾、贰拾、叁拾的，应在其前加“零”，日为拾壹至拾玖的，应在其前面加壹。如 3 月 15 日应写成零叁月壹拾伍日。票据出票日期使用小写填写的，银行不予受理。

票据和结算凭证上金额、出票或者签发日期、收款人名称不得更改，更改的票据一律无效。票据和结算凭证金额以中文大写和阿拉伯数码同时记载的，二者必须一致，否则票据无效，银行不予受理。

票据和结算凭证上一旦写错或漏写了数字，必须重新填写单据，不能在原凭单上改写数字，以保证所提供数字真实、准确、及时、完整。

### 2. 3. 3　大小写金额填写方法

（1）小写金额的标准写法

① 没有位数分割线的凭证账表上的标准写法。

a. 阿拉伯金额数字前面应当书写货币币种符号或者货币名称简写。币种符号和阿拉伯数字之间不得留有空白。凡阿拉伯数字前写出币种符号的，数字后面不再写货币单位。

b. 以元为单位的阿拉伯数字，除表示单价等情况外，一律写到角分；没有角分的角位和分位可写出“00”或者“—”；有角五分的，分位应当写出“0”，不得用“—”代替。

c. 只有分位金额的，在元和角位上各写一个“0”字并在元和角之间点一个小数点，如“￥0.06”。

d. 元以上每三位要空出半个阿拉伯数字的位置书写，如￥5 647 108.92。也可以三位一节用“分位号”分开，如￥5，647，108.92。

② 有数位分割线的凭证账表的标准写法。

a. 对应固定的位数填写，不得错位。

b. 只有分位金额的，在元和角位上均不得写“0”字。

c. 只有角位或角分位金额的，在元位上不得写“0”字。

d. 分位是“0”，在分位上写“0”；角分位都是“0”的，在角分位上各写一个“0”字。

（2）大写金额的标准写法

① 大写金额要紧靠“人民币”三字书写，不得留有空白，如果大写数字前没有印好“人民币”字样的，应加填“人民币”三字。

② 大写金额数字到“元”或“角”，在“元”或“角”后写“整”字；大写金额有“分”的，“分”后面不写“整”字。如￥12，000.00应写为人民币壹万贰仟元整；再如￥48,651.80可写为人民币肆万捌仟陆佰伍拾壹元捌角整，而￥486.56应写为人民币肆佰捌拾陆元伍角陆分。

③ 分位是“0”可不写“零分”字样，如￥4.60应写为人民币肆元陆角整。

④ 阿拉伯金额数字中间有“0”时，汉字大写金额要写“零”字。如￥1,409.50应写为人民币壹仟肆佰零玖元伍角整。

⑤ 阿拉伯金额数字元位是“0”的，或者数字中间连续有几个“0”的，元位也是“0”，但角位不是“0”时，汉字大写金额可以只写一个零字，也可以不写“零”字。如￥1,680.32，汉字大写金额应写为人民币壹仟陆佰捌拾元零叁角贰分，或者写为人民币壹仟陆佰捌拾元叁角贰分；又如￥97,000.53，汉字大写金额应写为人民币玖万柒仟元零伍角叁分，或者写成人民币玖万柒仟元伍角叁分。

⑥ 阿拉伯金额数字角位是“0”，而分位不是“0”时，汉字大写金额“元”后面应写“零”字。如￥6,409.02，汉字大写金额应写成人民币陆仟肆佰零玖元零贰分。

⑦ 阿拉伯金额数字最高是“1”的，汉字大写金额加写“壹”字。如￥15.8，汉字大写金额应写成：人民币壹拾伍元捌角整；￥135,800.00，汉字大写金额应写成人民币壹拾叁万伍仟捌佰元整。

⑧ 在印有大写金额万、仟、佰、拾、元、角、分位置的凭证上书写大写金额时，金额前面如有空外，可划“×”注销，阿拉伯金额数字中间有几个“0”（含分位），汉字大写金额就是几个“零”字。如￥100.50汉字大写金额应写成：人民币×万×仟壹佰零拾零元伍角零分。

## 2.4 计算器的使用

### 2.4.1 各按键代表的含义

电子计算器各按键代表的含义，如表2-2所示。

### 2.4.2 各项运算操作方法

（1）求百分比

例：120的23%是多少？

第一步：先按120，再按×。

第二步：按23，再按%，显示出结果。

（2）求比率

例：18比150的百分率是多少？

第一步：先按18÷150，再按＝。

表 2-2 电子计算器各按键含义说明表

| 各按键 | 功能说明 |
| --- | --- |
| "GT"键 | 汇总键。按下此键即自动将输入的一组数字汇总并显示出来 |
| "→"键 | 退位键。输入数字错误时,可用它消除更正,每按一次清除一个数字,但必须在使用运算符号前使用 |
| "CE"键 | 删除输入按键,按下此键屏幕上输入的数字均被删除 |
| "ON/C"键 | 开启键及清除屏幕键。按下此键即接通电源或清除屏幕上的内容。如在操作过程中按下此键可以删除记忆外的所有输入 |
| "OFF"键 | 关闭键。功能是切断电源 |
| "0"～"9"键 | 数字键。按键一次,输入一个,输入的顺序是从高位到低位 |
| "00"键 | 数字键。每按一次输入两个零 |
| "."键 | 小数点键。用来输入小数 |
| "+""-""×""÷"键 | 运算键。用来进行基本的加、减、乘、除运算。在应用显示结果时,加、减、乘、除键都可代替等号键 |
| "%"键 | 百分比键。用来进行百分比运算,按此键后可直接显示出结果 |
| "√"键 | 开方键。用来进行开二次方 |
| "+/-"键 | 正负号转换键。用来变换显示数的正负号。每按一次,显示数的正负号向相反的方向变换一次。输入负数时,要先输入整数,再按正负号转换键即可 |
| "AC/CA"键 | 清除计算器内存所有内容。按下此键,存储器和总存储器内容均被清除 |
| "MU"键 | 按下该键完成利率和税率的计算 |
| "MC"键 | 清除存储器。按下此键存储器的内容均被清除 |
| "MR"键 | 累计显示键。功能是调出由 M+或 M-键存入的数据 |
| "M+/M-"键 | 累计键。把输入的数或中间计算进行累加、累减并存储在计算器中 |

第二步：显示出 0.12 后×100，得出结果，或先按 18÷150，再按%。

(3) 求增加后的值

例：350 增加 6%是多少?

第一步：先按 350×6 再按%。

第二步：显示出 21 后再按+。

第三步：输入 350 后，显示出结果。

(4) 求增加百分率

例：170 比 125 增长百分之几?

第一步：先按 170-125 再按=。

第二步：显示出 50 后再按÷。

第三步：输入 125，显示 0.4 后×100，得出结果。或显示出 50 后再按÷，输入 125 后按%。

(5) 混合运算

例：5.45×2+4.7×3=25

第一步：先按 5.45×2 再按=显示出 10.9 后按 M+。

第二步：按 4.7×3 再按=显示 14.1 后按 M+。

第三步：按 MR，显示结果 25。

# 2.5 装订账簿/报表

## 2.5.1 装订会计账簿的方法

各种会计账簿在年度结账后，除跨年使用的账簿外，其他账簿应按时整理立卷。

（1）会计账簿装订前的准备工作

会计账簿装订前的准备工作包括如下两项：

① 按账簿启用表的使用页数核对各个账户是否相符，账页数是否齐全，序号排列是否连续；

② 按会计账簿封面、账簿启用表、账户目录、该账簿按页数顺序排列的账页、会计账簿装订封底的顺序装订。

（2）活页账簿装订的方法

活页账簿的装订方法如下：

① 保留已使用过的账页，将账页数填写齐全，去除空白页并撤掉账夹，用质好的牛皮纸做封面、封底，装订成册；

② 多栏式活页账、三栏式活页账、数量金额式活页账等不得混装，应按同类业务、同类账页装订在一起；

③ 在本账的封面上填写好账目的种类，编好卷号，并由会计主管人员和装订人（经办人）签章。

（3）账簿装订后的其他要求

账簿装订后应满足如下四项要求：

① 会计账簿应牢固、平整，不得有折角、缺角、错页、掉页、加空白纸的现象；

② 会计账簿的封口要严密，封口处要加盖有关印章；

③ 封面应齐全、平整，并注明所属年度及账簿名称、编号，编号为一年一编，编号顺序为总账、现金日记账、银行存（借）款日记账、分户明细账；

④ 会计账簿按保管期限分别编制卷号。如现金日记账全年按顺序编制卷号；总账、各类明细账、辅助账全年按顺序编制卷号。

## 2.5.2 装订会计报表的方法

会计报表装订前要按编报目录核对是否齐全，整理报表页数，上边和左边对齐压平，防止折角，如有损坏部位应经过修补后完整无缺地装订。

会计报表装订顺序为：会计报表封面、会计报表编制说明、各种会计报表按会计报表的编号顺序排列、会计报表的封底。

# 实账演练——凭证填制与审核

## 3.1 原始凭证的取得规范与演练

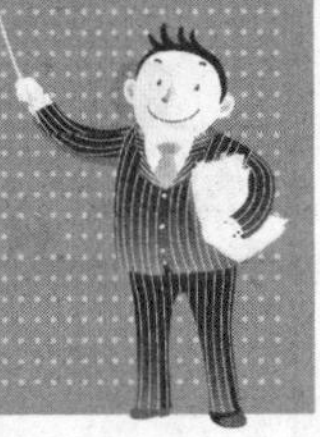

### 3.1.1 原始凭证填制及审核规范与演练

（1）原始凭证填制及审核规范

原始凭证的基本内容如图 3-1 所示。

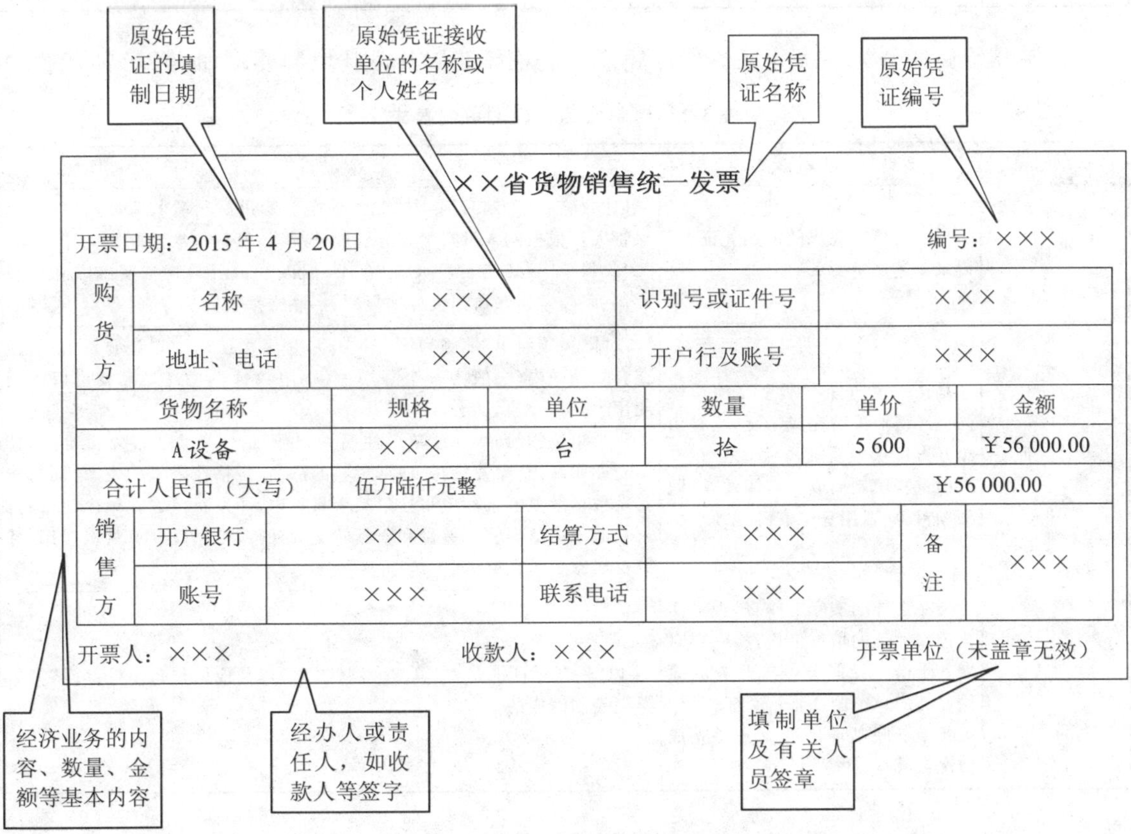

原始凭证的填制日期

原始凭证接收单位的名称或个人姓名

原始凭证名称

原始凭证编号

××省货物销售统一发票

开票日期：2015 年 4 月 20 日　　　　编号：×××

| 购货方 | 名称 | ××× | 识别号或证件号 | ××× | | |
|---|---|---|---|---|---|---|
| | 地址、电话 | ××× | 开户行及账号 | ××× | | |
| 货物名称 | 规格 | 单位 | 数量 | 单价 | 金额 | |
| A设备 | ××× | 台 | 拾 | 5 600 | ￥56 000.00 | |
| 合计人民币（大写） | 伍万陆仟元整 | | | | ￥56 000.00 | |
| 销售方 | 开户银行 | ××× | 结算方式 | ××× | 备注 | ××× |
| | 账号 | ××× | 联系电话 | ××× | | |

开票人：×××　　　　收款人：×××　　　　开票单位（未盖章无效）

经济业务的内容、数量、金额等基本内容

经办人或责任人，如收款人等签字

填制单位及有关人员签章

图 3-1　原始凭证的基本内容

根据上述原始凭证的基本内容，总结的原始凭证的填制要求如表 3-1 所示。

**表 3-1　原始凭证填制要求一览表**

| 要求 | 说明 |
|---|---|
| 记录真实 | 填制的经济业务内容和数字必须真实可靠，符合实际情况 |
| 内容完整 | 填制的项目必须逐项填列齐全，不得遗漏和省略：年、月、日要按照填制原始凭证的实际日期填写；名称要齐全，不能简化；品名或用途要填写明确，不能含混不清；有关人员的签章必须齐全 |
| 手续完备 | 单位自制的原始凭证必须有经办单位领导人或者其他指定人员的签名盖章；对外开出的原始凭证必须加盖本单位公章；从外部取得的原始凭证，必须加盖有填制单位的公章；从个人取得的原始凭证，必须有填制人员的签名盖章 |
| 书写规范 | 填制原始凭证应当使用钢笔或碳素笔，用蓝黑墨水或碳素墨水；书写的文字不得使用未经国务院公布的简化文字；大、小写金额数字应符合规范要求；在合计栏数字或只有一笔数字的前面，应书写货币币种符号或货币名称简写；所有以元为单位的阿拉伯数字，除表示单价等情况外，一律填写到角分；凭证上每一格只能填写一个数字，不得多个数字挤在一个格内；凭证上的金额栏的空白行应画斜线注销 |
| 编号连续 | 原始凭证必须连续编号，以便查证；预先印定编号的原始凭证，在写坏作废时，应加盖“作废”戳记，并连同存根妥善保管，不得撕毁 |
| 不得涂改 | 原始凭证不得随意涂改、刮擦、挖补，否则视为无效，若填制内容存在错误需要更正时，应划线更正，并在更正处加盖出具单位印章 |
| 填制及时 | 经济业务发生后应及时填制原始凭证，避免事后补填，以保证会计信息的时效性和准确性，为会计凭证的下一步传递奠定基础 |

自制原始凭证分为一次凭证、累计凭证、汇总凭证三种，其填制要求如表 3-2 所示。

**表 3-2　自制原始凭证的填制要求**

| 自制原始凭证 | 定义 | 填制方法 |
|---|---|---|
| 一次凭证 | 指一次填写完成的原始凭证，只记录一笔经济业务 | 以“收料单”填制为例(图 3-2)，是企业购进材料验收入库时，由仓库保管人员根据购入材料的实际验收情况，填制的一次性原始凭证<br>“收料单”一式三联，一联留仓库，据以登记材料物资明细账和材料片；一联随发票账单到会计处报账；一联交采购人员存查 |
| 累计凭证 | 是在一定时期不断重复地反映同类经济业务的完成情况，它是由经办人每次经济业务完成后在其上面重复填制而成。常用的有：限额领料单、费用登记表等 | 以“限额领料单”填制为例(图 3-3)，是多次使用的累计领发料凭证。在有效期间内(一般为一个月)只要领用数量不超过限额就可以连续使用<br>领料单位领料时，在该单内注明请领数量，经负责人签章批准后，持往仓库领料；仓库发料时，根据材料的品名、规格在限额内发票，同时将实发数量及限额余额填写在限额领料单内，领发料双方在单内签章；月末在此单内结出实发数量和金额转交会计部门，据以计算材料费用，并做材料减少的核算 |
| 汇总凭证 | 指在会计的实际工作日，为了简化记账凭证的填制工作，将一定时期若干份记录同类经济业务的原始凭证汇总编制一张汇总凭证，用以集中反映某项经济业务的完成情况 | 以“发料凭证汇总表”填制为例(图 3-4)，是根据领料单按部门，材料类别编制而成的 |

原始凭证填制完成或收到外来原始凭证后，需要经过业务经办部门与会计部门的审核。在确认规范正确后，方能作为记账凭证的填制依据。

收　料　单

供应单位：山岗　　　　收料仓库：4号库

发票号码：0025　　　　2015 年 6 月 8 日　　　　第 0343 号

| 材料编号 | 材料名称 | 规格 | 单位 | 数量 | | 金额 | | | |
|---|---|---|---|---|---|---|---|---|---|
| | | | | 应收 | 实收 | 单价 | 金额 | 运费 | 合计 |
| ××× | A 材料 | ××× | 千克 | 100 | 100 | 600 | 60 000 | ××× | 60 000 |
| | | | | | | | | | |
| | | | | | | | | | |
| 合计 | | | | | | | 60 000 | | 60 000 |

仓库负责人：　　　　经办人：　　　　收料人：

图 3-2　收料单

限　额　领　料　单

2015 年 6 月　　　　编号：2345

领料单位：一车间　　　　用途：B 产品　　　　计划产量：5 000 台

材料编号：102045　　　　名称规格：16m/m 圆钢　　　　计量单位：公斤

单价：4.00 元　　　　消耗定量：0.2 公斤/台　　　　领用限额：1 000

| 2015 年 | | 请领 | | 实发 | | | | |
|---|---|---|---|---|---|---|---|---|
| 月 | 日 | 数量 | 领料单位负责人 | 数量 | 累计 | 发料人 | 领料人 | 限额结余 |
| 6 | 5 | 200 | 张× | 200 | 200 | 李× | 王× | 800 |
| 6 | 10 | 100 | 张× | 100 | 300 | 李× | 王× | 700 |
| 6 | 15 | 300 | 张× | 300 | 600 | 李× | 王× | 400 |
| 6 | 20 | 100 | 张× | 100 | 700 | 李× | 王× | 300 |
| 6 | 25 | 150 | 张× | 150 | 850 | 李× | 王× | 150 |
| 6 | 30 | 100 | 张× | 100 | 950 | 李× | 王× | 50 |
| 累计实发金额（大写）：叁仟捌佰元整 | | | | ￥3 800 | | | | |

供应生产部门负责人（签章）：　　　　生产计划部门负责人（签章）：　　　　仓库负责人（签章）：

图 3-3　限额领料单

原始凭证的审核内容主要包括图 3-5 所示的七个方面。

（2）原始凭证填制及审核演练

**演练 3-1：自制原始凭证的填制演练**

2016 年 4 月 25 日，甲企业从乙企业购买 A 材料（编号：001）200 千克，单价 450 元，价款为 90 000 元。该批材料已验收并进入第一仓库，甲企业仓储部门填制收料单，具体如图 3-6 所示。

## 发料凭证汇总表

附领料单 25 份　　2015 年 6 月 30 日　　单位：元

| 会计科目 | 领料部门 | 原材料 | 燃料 | 合计 |
|---|---|---|---|---|
| 基本生产成本 | 一车间 | 5 000 | 10 000 | 15 000 |
| | 二车间 | 8 000 | 14 000 | 22 000 |
| | 小计 | 13 000 | 24 000 | 37 000 |
| 辅助生产成本 | 供电车间 | 7 000 | 2 000 | 9 000 |
| | 锅炉车间 | | 4 000 | 4 000 |
| | 小计 | 7 000 | 6 000 | 13 000 |
| 制造费用 | 一车间 | 400 | | 400 |
| | 二车间 | 600 | | 600 |
| | 小计 | 1 000 | | 1 000 |
| 管理费用 | | 200 | 300 | 500 |
| 合计 | | 21 200 | 30 300 | 51 500 |

会计主管：　　审核：　　制单：

图 3-4　发料凭证汇总表

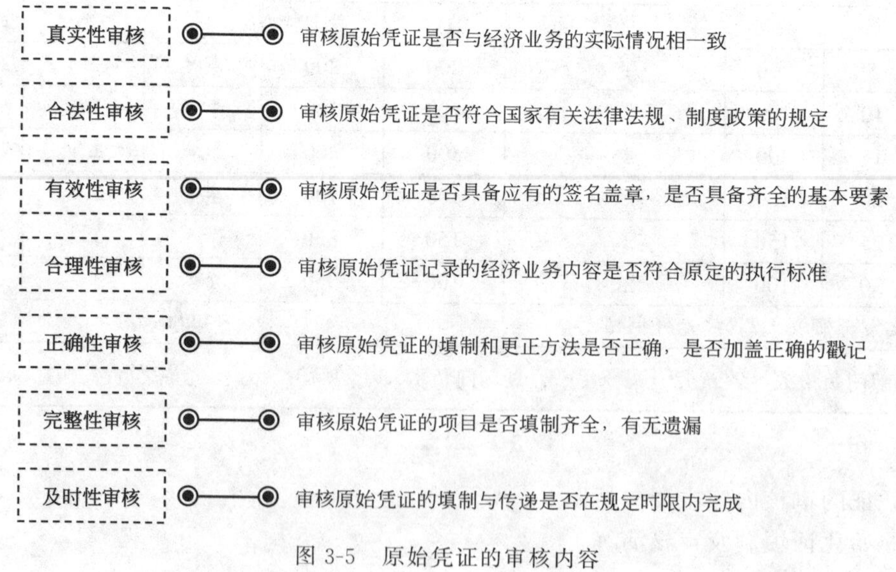


图 3-5　原始凭证的审核内容

### 演练　3-2：原始凭证的审核演练

① 外来原始凭证的审核演练。

以发票为例说明对外来原始凭证的审核内容，具体如图 3-7 所示。

**收 料 单**

供应单位：乙企业　　　　　　　　　　　　　　　　　　收料仓库：第一仓库

发票号码：0244　　　　　　2016 年 4 月 25 日　　　　　　第 024 号

| 材料编号 | 材料名称 | 规格 | 单位 | 数量 | | 金额 | | | |
|---|---|---|---|---|---|---|---|---|---|
| | | | | 应收 | 实收 | 单价 | 金额 | 运费 | 合计 |
| 001 | A 材料 | ××× | 千克 | 200 | 200 | 450 | 90 000 | — | 90 000 |
| | | | | | | | | | |
| | | | | | | | | | |
| 合计 | | | | | | | 90 000 | | 90 000 |

仓库负责人：×××　　　　　　经办人：×××　　　　　　收料人：×××

图 3-6　收料单

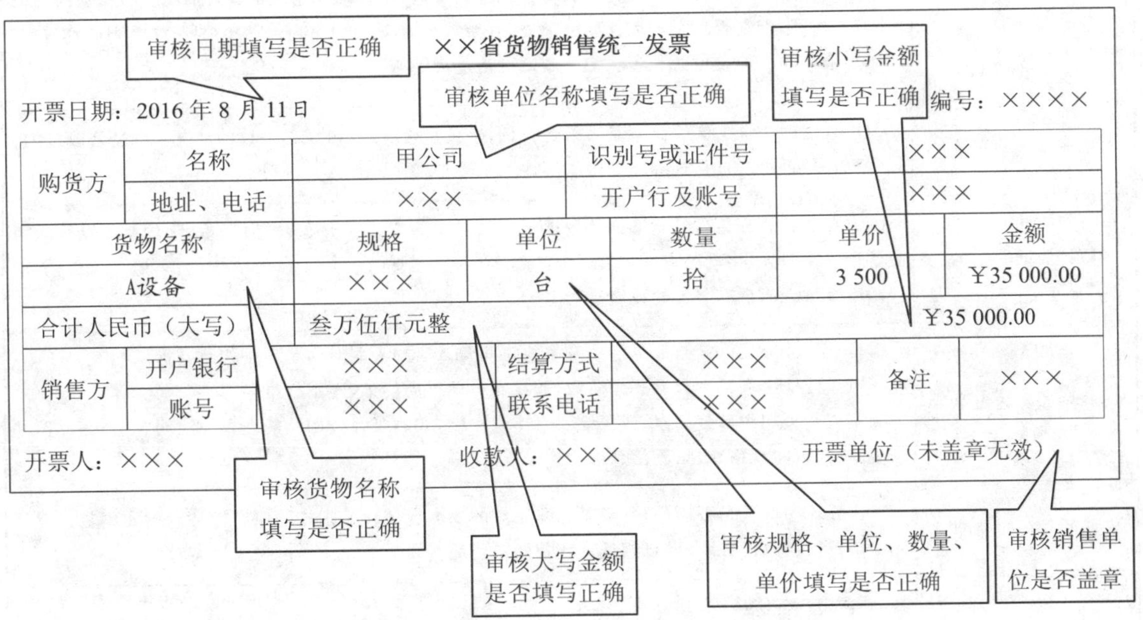

××省货物销售统一发票

开票日期：2016 年 8 月 11 日　　　　　　　　　　　　　　　　编号：××××

| 购货方 | 名称 | 甲公司 | | 识别号或证件号 | ××× | |
|---|---|---|---|---|---|---|
| | 地址、电话 | ××× | | 开户行及账号 | ××× | |
| 货物名称 | | 规格 | 单位 | 数量 | 单价 | 金额 |
| A设备 | | ××× | 台 | 拾 | 3 500 | ￥35 000.00 |
| 合计人民币（大写） | | 叁万伍仟元整 | | | | ￥35 000.00 |
| 销售方 | 开户银行 | ××× | 结算方式 | ××× | 备注 | ××× |
| | 账号 | ××× | 联系电话 | ××× | | |

开票人：×××　　　　收款人：×××　　　　开票单位（未盖章无效）



图 3-7　外来原始凭证（发票）的审核内容

② 自制原始凭证的审核演练。

用“★”符号标注出了需要重点审核的内容，具体如图 3-8 所示。

### 3.1.2　原始凭证错弊鉴别的规范与演练

（1）原始凭证的错弊鉴别规范

根据原始凭证错弊的特点，可以从以下六个角度对其进行审查，具体如表 3-3 所示。

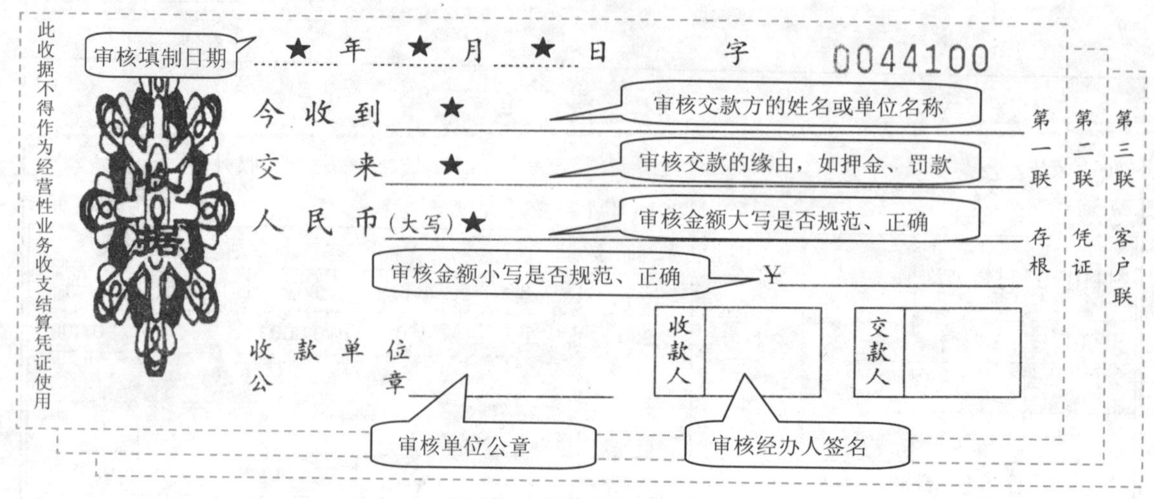


图 3-8 收据的审核内容

**表 3-3 原始凭证的审查规范表**

| 审查内容 | 具体规范 |
|---|---|
| 原始凭证的纸质 | ①审查原始凭证是否有刮、擦、用胶带拉扯过的痕迹，这样的原始凭证其表面总会有粗糙的感觉<br>②审查纸张上是否显示出表面光泽消失，有淡黄色污斑，纸张格子线和保护花纹受到破坏等，出现上述情况的一般是用“消字灵”等化学试剂消退过字迹 |
| 原始凭证的字迹 | ①审查原始凭证上文字分布是否符合比例，字体是否一致，出现不一致的情况一般是修改过的<br>②审查是否出现过重描和交叉笔画等情况 |
| 原始凭证的签名 | ①审查原始凭证签名的笔迹熟练程度、字形、字体的方向和形态、压力轻重、字的基本结构等方面是否存在差异，出现差异有可能是冒充签字<br>②审查是否出现有名无姓或有姓无名等 |
| 原始凭证的内容 | ①审查凭证登记时间与业务活动发生的时间及以后的入账时间是不是相距甚远<br>②审查凭证金额是否只有一个总数，而没有分项目的明细，经不起推敲<br>③审查是否缺少部分要素，或关键要素出现模糊，如购买办公用品的发票只注明“办公用品”，缺少必要的品种、规格、数量等信息 |
| 原始凭证的类型 | 审查凭证的形式是否规则，是否是以非正规的票据凭证代替正规的原始凭证。例如用货币收付凭证代替实物收付凭证；以自制凭证代替外来凭证 |
| 与其他凭证进行对比 | ①对于伪造的原始凭证可以通过对比真实原始凭证的外观来鉴别<br>②对于可疑的原始凭证可以检查有无相关经济业务的其他业务的凭证。如销售货物的原始凭证是否有相关发货单据、托运证明、结算凭证等 |

（2）原始凭证的错弊鉴别演练

### 演练 3-3：虚假发票报销

在对企业 2016 年 10 月的原始凭证进行审查时，发现一张原始凭证如下所示。

<table>
<tr><td colspan="8">××省货物销售统一发票</td></tr>
<tr><td colspan="5">开票日期：2016 年 7 月 20 日</td><td colspan="3">编号：</td></tr>
<tr><td rowspan="2">购货方</td><td>名称</td><td colspan="2">×××</td><td colspan="2">识别号或证件号</td><td colspan="2">×××</td></tr>
<tr><td>地址、电话</td><td colspan="2">×××</td><td colspan="2">开户行及账号</td><td colspan="2">×××</td></tr>
<tr><td colspan="2">货物名称</td><td>规格</td><td>单位</td><td>数量</td><td colspan="2">单价</td><td>金额</td></tr>
<tr><td colspan="2">办公用品</td><td></td><td></td><td></td><td colspan="2"></td><td>￥5 000.00</td></tr>
<tr><td colspan="2">合计人民币（大写）</td><td colspan="3">伍仟元整</td><td colspan="3">￥5 000.00</td></tr>
<tr><td rowspan="2">销售方</td><td>开户银行</td><td>×××</td><td>结算方式</td><td>×××</td><td rowspan="2">备注</td><td colspan="2" rowspan="2">×××</td></tr>
<tr><td>账号</td><td>×××</td><td>联系电话</td><td>×××</td></tr>
<tr><td colspan="3">开票人：王</td><td colspan="2">收款人：李</td><td colspan="3">开票单位（未盖章无效）</td></tr>
</table>

**存在疑问**→发票的开票日期为 2016 年 7 月 20 日，但是直到 2016 年 10 月才入账。发票上的货物名称只是笼统地填写了办公用品，没有具体的规格、单位、数量、单价等信息。开票人和收款人都只有姓无名。由于存在这几点疑问，应当对该凭证的真实性进行审查。

**账实查证**→经审查和实地盘存，并没有这批办公用品的入库单和领用记录；根据单位银行存款对账单查看，也没有这笔款项划出的记录。

**错弊原因**→经查明是企业销售人员发生销售费用 5 000 元，无法取得合法票据，于是就购买这张假发票作为报销单据。出纳人员收到报销单据时，没有严格审查，将款项报销给对方。

**账项调整**→应要求销售人员限期取回符合报销条件的真实的业务发票，用红字将原凭证记录冲销后，再用蓝字编制一张真实的凭证入账。如果到期无法取回真实的业务发票，应向销售人员追回报销款，调整相关会计账目，并按规定调增应纳税所得额。此外，对于购买虚假凭证的销售人员，还应按照有关规定进行处理。

## 3.2 记账凭证的填制规范与演练

### 3.2.1 记账凭证填制规范与演练

（1）记账凭证的填制规范

记账凭证的填制内容如图 3-9 所示。

会计人员应重视填制记账凭证，如果填制出现差错，不仅会影响账簿的登记，还会影响企业经费支出、费用归集与分配、成本计算和编制财务报表的真实结果。因此，在填制记账凭证时应满足表 3-4 所示的七项要求。

（2）记账凭证的填制演练

**演练** 3-4：收款凭证填制演练

2016 年 2 月 17 日，甲企业收到乙企业追加投资款 230 000 元，账款直接汇到甲企业开

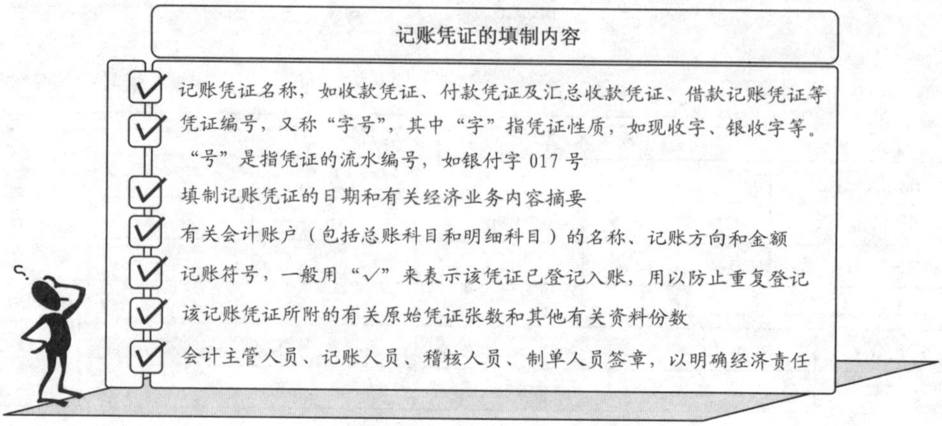

图 3-9　记账凭证的填制内容

**表 3-4　填制记账凭证的要求**

| 要求 | 具体说明 |
| --- | --- |
| 科目运用准确 | 应根据经济业务性质，按照会计准则所制定的会计科目和会计科目核算内容，正确编制会计分录，以便直观地综合汇总和分析对比，了解有关经济业务完成情况 |
| 业务记录明确 | 不得将不同类型经济业务的原始凭证合并填制记账凭证，对同一笔经济业务不得填制对应关系不清的多借多贷记账凭证 |
| 凭证顺序编号 | 记账凭证应根据业务发生顺序按照不同种类的记账凭证连续编号，以便于登记账簿和进行记账凭证与账簿记录的核对，防止会计凭证的丢失，方便日后查找 |
| 凭证摘要简明 | 要将经济业务的内容以简练明确的文字填入“摘要”栏内，以便于日后查阅凭证和登记账簿。摘要内容要做到真实准确、简明扼要 |
| 日期填制正确 | 填写日期一般是填财会人员填制记账凭证的当天日期，也可以根据管理需要填写经济业务发生的日期或月末日期 |
| 附件数量完整 | 除结账与更正差错的记账凭证可以不附原始凭证，其他记账凭证必须附有原始凭证，并在记账凭证上注明原始凭证的张数 |
| 办理签章手续 | 在记账凭证填制完成后，要由相关人员按规定程序进行签章和审查，对于收付款记账凭证，还必须由出纳人员签章 |

户银行。会计人员为该笔银行存款收入填制了收款凭证，以作为银行存款收入业务的记账依据，具体如图 3-10 所示。

## 演练　3-5：付款凭证填制演练

2016 年 3 月 2 日，甲企业通过银行支付前欠丙企业材料款，合计 154 000 元。会计人员为该笔银行存款支付业务填制了付款凭证，以作为银行存款支付业务的记账依据，具体如图 3-11 所示。

## 演练　3-6：转账凭证填制演练

2016 年 3 月 20 日，甲企业向丁企业购进 B 材料一批，合计 11 000 元，税款为 1 870 元，合计价款为 12 870 元，款项尚未支付。会计人员为该业务填制了转账凭证，以作为银行存款收付业务以外的转账业务的记账依据，具体如图 3-12 所示。

**收 款 凭 证**

借方科目：银行存款　　2016 年 2 月 17 日　　收字第×号

| 摘要 | 贷方科目 | | 金额 | | | | | | | | | | 记账 |
|---|---|---|---|---|---|---|---|---|---|---|---|---|---|
| | 总账科目 | 明细科目 | 千 | 百 | 十 | 万 | 千 | 百 | 十 | 元 | 角 | 分 | |
| 收到乙企业投资款 | 股本 | 乙企业 | | | 2 | 3 | 0 | 0 | 0 | 0 | 0 | 0 | √ |
| | | | | | | | | | | | | | |
| | | | | | | | | | | | | | |
| 合计 | | | | ¥ | 2 | 3 | 0 | 0 | 0 | 0 | 0 | 0 | √ |

会计主管：×××　记账：×××　出纳：×××　审核：×××　制单：×××

图 3-10　收款凭证

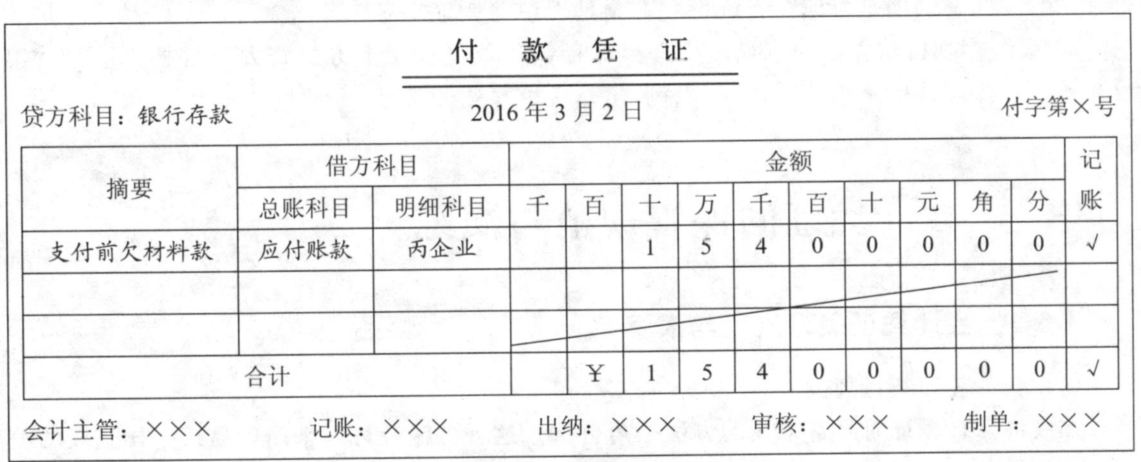

**付 款 凭 证**

贷方科目：银行存款　　2016 年 3 月 2 日　　付字第×号

| 摘要 | 借方科目 | | 金额 | | | | | | | | | | 记账 |
|---|---|---|---|---|---|---|---|---|---|---|---|---|---|
| | 总账科目 | 明细科目 | 千 | 百 | 十 | 万 | 千 | 百 | 十 | 元 | 角 | 分 | |
| 支付前欠材料款 | 应付账款 | 丙企业 | | | 1 | 5 | 4 | 0 | 0 | 0 | 0 | 0 | √ |
| | | | | | | | | | | | | | |
| | | | | | | | | | | | | | |
| 合计 | | | | ¥ | 1 | 5 | 4 | 0 | 0 | 0 | 0 | 0 | √ |

会计主管：×××　记账：×××　出纳：×××　审核：×××　制单：×××

图 3-11　付款凭证

**转 账 凭 证**

2016 年 3 月 20 日　　转字第×号

| 摘要 | 总账科目 | 明细科目 | 借方金额 | 贷方金额 | 记账 |
|---|---|---|---|---|---|
| 购进B材料 | 材料采购 | B材料 | 11 000 | | √ |
| | 应交税费 | 应交增值税(进) | 1 870 | | √ |
| | 应付账款 | 丁企业 | | 12 870 | √ |
| | | | | | |
| | | | | | |
| 合计 | | | ¥12 870 | ¥12 870 | √ |

会计主管：×××　记账：×××　审核：×××　制单：×××

图 3-12　转账凭证

### 3.2.2 记账凭证审核规范与演练

（1）记账凭证审核规范

记账凭证填制后，必须经审核无误后，才能据以登记账簿。记账凭证的审核内容有：

① 记账凭证是否附有原始凭证，所附原始凭证是否齐全，记账凭证的经济内容是否与所附的原始凭证的内容相符等；

② 记账凭证中载明的业务内容是否合法、正常，应借应贷的账户是否正确；

③ 记账凭证上的项目是否填写清楚、完整，编号是否连续，有关人员的签章是否齐全。

（2）记账凭证审核演练

**演练** 3-7：银行凭证的审核

① 银行存款收款凭证的审核。检查银行存款收款凭证左上方的借方科目是否填写“银行存款”字样，日期是否填写正确，右上角是否填写凭证字号。

② 银行存款付款凭证的审核。检查银行存款付款凭证左上方的贷方科目是否填写“银行存款”字样，日期是否填写正确，右上角是否填写凭证字号。

## 3.3 会计凭证的保管规范与演练

### 3.3.1 会计凭证装订规范与演练

（1）会计凭证装订规范

在装订会计凭证时经常采用的方法是角订法，这种方法装订起来简单易行，样式简洁美观。会计凭证一般每月装订一次，装订好的凭证按年分月妥善保管归档。

① 会计凭证装订前的准备工作，包括如下五项。

a. 会计凭证应分类整理，按顺序排列，检查日数、编号是否齐全；

b. 按凭证汇总日期归集（如按上、中、下旬汇总归集）确定装订成册的本数；

c. 摘除凭证内的金属物（如订书钉、大头针、回形针），对大的张页或附件要折叠成同记账凭证大小，且要避开装订线，以便翻阅保持数字完整；

d. 整理检查凭证顺序号，如有颠倒要重新排列，发现缺号要查明原因。再检查附件有否漏缺，领料单、入库单、工资、奖金发放单是否随附齐全；

e. 检查记账凭证上有关人员（如财务主管、复核、记账、制单等）的印章是否齐全。

② 会计凭证的装订方法如下。

a. 将凭证封面和封底裁开，分别附在凭证前面和后面，再拿一张质地相同的纸（可以再找一张凭证封皮，裁下一半用，另一半为订下一本凭证备用）放在封面上角，做护角线；

b. 在凭证的左上角画一边长为 5 厘米的等腰三角形，用夹子夹住，用装订机在底线上分布均匀地打两个眼儿；

c. 用大针引线绳穿过两个眼儿。如果没有针，可以将回形别针顺直，然后将两端折向同一个方向，将线绳从中间穿过并夹紧，即可把线引过来，因为一般装订机打出的眼儿是可以穿过的；

d. 在凭证的背面打线结。线绳最好在凭证中端系上；

e. 将护角向左上侧折，并将一侧剪开至凭证的左上角，然后抹上胶水；

f. 向后折叠，并将侧面和背面的线绳扣贴死；

g. 待晾干后，在凭证本的脊背上面写上“某年某月第几册共几册”的字样。装订人在装订线封签处签名或者盖章。现金凭证、银行凭证和转账凭证最好依次顺序编号，一个月从头编一次序号，如果单位的凭证少，可以全年顺序编号。只有掌握熟悉了会计凭证装订方法，才能更好地提高会计人员工作效率；

h. 装订凭证厚度一般 1.5 厘米，方可保证装订牢固，美观大方。

③ 会计凭证装订后的注意事项，包括如下两点。

a. 每本封面上填写好凭证种类、起止号码、凭证张数、会计主管人员和装订人员签章；

b. 在封面上编好卷号，按编号顺序入柜，并要在明显处标明凭证种类编号，以便于调阅。

（2）会计凭证装订演练

**演练 3-8：会计凭证的装订**

会计凭证具体的装订步骤如图 3-13 所示。

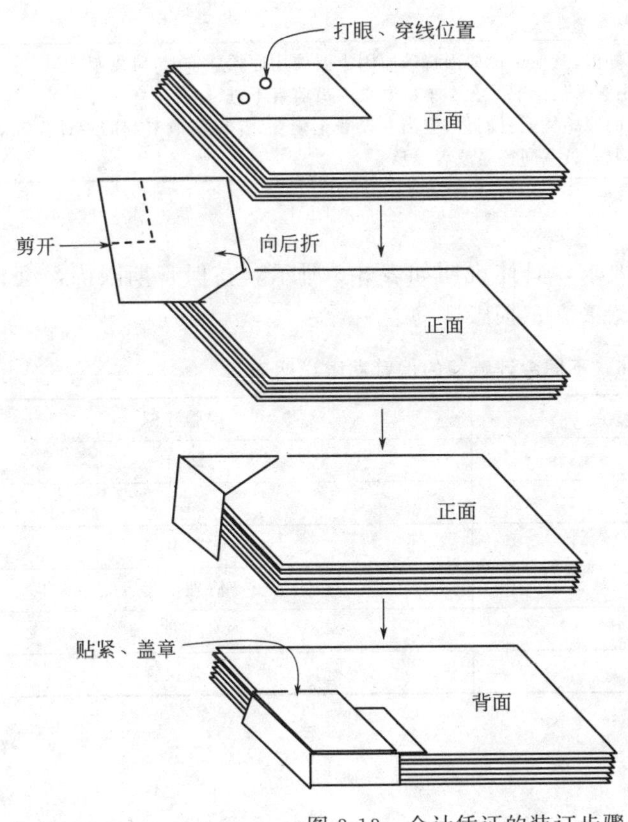


图 3-13 会计凭证的装订步骤

### 3.3.2 会计凭证保管规范与演练

（1）会计凭证保管规范

会计凭证的保管期限和销毁手续必须严格根据《会计档案管理办法》的有关规定执行。一般会计凭证应保存15年，银行存款余额调节表保存3年，而对重要的会计凭证，如涉及外事的会计凭证等，则应永久保存。

在确定会计凭证保管期限已满可以销毁时，应报上级主管部门批准。在销毁前，对其中所涉及的未了结的债权债务的原始凭证，要由会计部门和档案部门共同抽出，并整理立卷保管，直至债权债务结算为止。

会计凭证的保管过程中应当注意表3-5所示的三大事项。

**表3-5 会计凭证的管理注意事项**

| 注意事项 | 具体说明 |
| --- | --- |
| 会计凭证保管 | ①年度终了后，可暂由财会部门保管一年，期满后，编造成册移交本单位的档案部门保管。保管时，要防止受损、弄脏、霉烂以及鼠咬虫蛀等<br>②各种经济合同、存出保证金收据以及涉外文件等重要原始凭证，应当另编目录，单独登记保管，并在有关的记账凭证和原始凭证上相互注明日期和编号 |
| 会计凭证查阅 | ①原始凭证一般不外借，查阅会计凭证应办理查阅手续，并需经本单位有关领导批准，方可查阅<br>②调阅时，应填写“会计档案调阅表”，详细填写调阅会计凭证的名称、调阅日期、调阅人姓名、调阅理由、调阅批准人 |
| 会计凭证借阅 | ①原始凭证不得外借，其他单位如因特殊原因需要使用原始凭证时，可复制，但须经本单位会计机构负责人、会计主管人员批准并在本单位财会人员监督下进行，并应登记与签字<br>②向外单位提供的原始凭证复制件，应当专设登记簿登记，说明所复制的会计凭证名称、张数，并由提供人员和收取人员共同签名或者盖章 |

（2）会计凭证保管期限

会计账簿有相应的保管期限要求，具体说明如表3-6所示。在保管期限内，会计人员应保证账簿的安全、完整，不得随意丢弃、损毁账簿。

**表3-6 不同会计账簿的保管期限说明表**

| 账簿名称 | 保管年限 |
| --- | --- |
| 一般日记账 | 15年 |
| 现金和银行存款日记账 | 25年 |
| 明细账和总账 | 15年 |
| 固定资产卡片 | 在固定资产清理报废后保存5年 |
| 辅助账簿 | 15年 |
| 涉外和重大事项会计账簿 | 永久保管 |

# 实账演练——建账及账簿登记

## 4.1 会计账簿的启用规范与演练

### 4.1.1 会计账簿的选择规范与演练

（1）会计账簿的选择规范

不同企业所需用的账簿是不尽相同的。但不管账簿的格式如何，从其所起的作用来看，大致可分为四类：序时账簿、分类账簿、序时与分类相结合的联合账簿、备查账簿。

序时账簿是指现金、银行存款日记账和转账日记账；分类账簿包括总分类账簿和明细分类账簿；联合账簿是指既是序时记录又分类记录，既是日记账又是总账的账簿，如日记总账；备查账簿是记录非本企业资产或其他重要事项的账簿。

一个企业究竟应选择何种账簿，要视企业规模大小、经济业务繁简、会计人员分工、采用的核算形式及记账的机械化程度等因素而定。但是为了加强货币资金管理，无论在哪种情况下，都要设计现金和银行存款日记账这种序时账簿，只是在多栏特种日记账核算形式下，要将现金和银行存款日记账都分割为专栏的收入日记账和支出日记账两本，至于分类账簿的设计，在采用记账凭证核算形式、汇总记账凭证核算形式和科目汇总表核算形式以及多栏式日记账核算形式时，则应设计一本总分类账簿和多本明细分类账簿，而在采用日记总账核算形式时，则只设计一本既序时记录又分类记录的日记总账账簿和必要的明细分类账簿。

（2）会计账簿的选择演练

演练 4-1: 不同企业会计账簿的选择

表 4-1 为读者列示了不同企业可设置的会计账簿。

### 4.1.2 账簿启用表的填制规范与演练

（1）账簿启用表的填制规范

会计账簿启用时，应首先填写在账簿扉页上印制的“账簿启用表”，包括单位名称、账簿名称、账簿编号、账簿使用起止日期、单位负责人、主管会计、审核人员和记账人员等项目，并加盖单位的公章。具体的填制规范如表 4-2 所示。

表 4-1　不同情况下账簿的选择

| 企业特点 | 应采用的核算形式 | 可设置的账簿体系 |
| --- | --- | --- |
| 小规模企业（小规模纳税人） | 记账凭证核算形式 | 现金日记账、银行存款日记账；固定资产、材料、费用、明细账；总账 |
| | 日记总账核算形式 | 序时账同上；日记总账；固定资产、材料明细账 |
| 大中型企业单位（一般纳税人） | 科目汇总表核算形式，汇总记账凭证核算形式 | 序时账同上；固定资产、材料、应收（付）账款、其他应收应付款、长（短）期投资、实收资本、生产成本、费用等明细账；总账。（购货簿、销货簿） |
| 收付款业务多、转账业务少的大中型企业 | 多栏式日记账核算形式 | 四本多栏式日记账；明细分类账同上；总账。（购货簿、销货簿） |
| 收付款业务多、转账业务也多的大中型企业 | 多栏式日记账兼汇总转账凭证核算形式 | 四本多栏式日记账；其他账簿同上 |
| 大中型企业，但转账业务较少 | 科目汇总表兼转账日记账核算形式 | 序时账簿；必要的明细账、转账日记账；总账 |

表 4-2　账簿启用表的填制规范

| 填制事项 | 填制规范 |
| --- | --- |
| 启用日期 | 应从企业注册后开始算起，即便企业没有业务发生也要做零收入账务处理 |
| 启用账簿的起止页数 | 如启用的是订本式账簿，起止页数已经印好，不需要填写；启用活页式账簿，起止页数可以等到会计期末装订成册时再填 |
| 相关签章 | 填制记账人员姓名和会计主管人员姓名并加盖印章同时要加盖单位财务公章，以示慎重和负责。当记账人员或会计主管人员工作变动时，应办好账簿移交手续，并在启用表上明确记录交接日期及接办人、监交人的姓名，并加盖公章 |

（2）账簿启用表的填制演练

**演练　4-2：账簿启用表的填制**

2016 年 1 月 1 日，甲企业新开业，会计人员按照要求建立账簿及启用账簿。甲企业所需账簿，包括现金日记账、银行存款日记账、总分类账和明细分类账。对于现金日记账、银行存款日记账、总分类账，会计人员购买了专门的订本式账簿。对于明细分类账，会计人员则购买了三栏式明细账页、数量金额式明细账页、多栏式明细账页和它们各自的封面、封底、账簿启用页、目录页，并用账夹装订成册。

准备完账簿后，会计人员在账簿封面上填写账簿名称、单位名称和会计年度（封面上已经有账簿名称，就只填写单位名称和会计年度），其中总分类账的封面填写示例如下所示。

① 账簿名称：总分类账。

② 单位名称：甲企业。

③ 会计年度：2016 年 1 月至 12 月。

填写账簿封面后，会计人员按要求填写“账簿启用表”，其中总分类账的填写示例如图 4-1 所示。

**账 簿 启 用 表**

<table>
<tr><td colspan="2">单位名称</td><td colspan="8">甲企业</td><td>单位公章</td></tr>
<tr><td colspan="2">账簿名称</td><td colspan="8">总分类账</td><td rowspan="4"></td></tr>
<tr><td colspan="2">账簿编号</td><td colspan="8">字第××号第××册共××册</td></tr>
<tr><td colspan="2">账簿页数</td><td colspan="8">本账簿共计××页</td></tr>
<tr><td colspan="2">启用日期</td><td colspan="8">2016 年 1 月 1 日</td></tr>
<tr><td colspan="2">经管人员</td><td colspan="3">接管</td><td colspan="3">移交</td><td colspan="2">会计负责人</td><td>印花税票粘贴处</td></tr>
<tr><td>姓名</td><td>盖章</td><td>年</td><td>月</td><td>日</td><td>年</td><td>月</td><td>日</td><td>姓名</td><td>盖章</td><td rowspan="2"></td></tr>
<tr><td>×××</td><td></td><td>×</td><td>×</td><td>×</td><td>×</td><td>×</td><td>×</td><td>×××</td><td></td></tr>
</table>

图 4-1 账簿启用表总分类账填写示例

### 4.1.3 账簿印花税核算规范与演练

（1）账簿印花税核算规范

印花税是对经济活动和经济交往中书立、领受的凭证征收的一种税。根据规定，企业在启用账簿时应该缴纳印花税。

印花税总账根据实收资本的 0.05%贴印花税票，其他账簿按每本 5 元贴印花税票。

（2）账簿印花税核算演练

**演练 4-3：账簿印花税的核算**

承演练 4-2，甲企业需粘贴印花税的账簿包括现金日记账 1 本、银行存款日记账 1 本、总分类账 1 本和明细分类账 3 本。对于现金日记账、银行存款日记账、总分类账，会计人员购买了专门的订本式账簿。已知甲企业的实收资本为 1 000 000 元。

甲企业需缴纳的印花税金额＝1×5＋1×5＋1×5＋3×5＋1 000 000×0.05％＝530(元)

# 4.2 会计账簿的登记规范与演练

## 4.2.1 日记账登记规范与演练

（1）日记账登记规范

企业常设的日记账包括现金日记账和银行存款日记账，两者格式基本相同，一般都是采用三栏式。日记账的登记要做到“日清月结”，即每日业务结束，必须结出当天余额，并与库存现金和银行存款的实际数核对。每月业务结束，要结出月末余额，并与总账中库存现金和银行存款的余额核对。

现金日记账和银行存款日记账中各个项目的登记规范如表 4-3 所示。

**表 4-3 现金日记账和银行存款日记账的登记规范**

| 填制事项 | 填制规范 |
|---|---|
| 日期栏 | 填入记账凭证上的日期，即编制该记账凭证的日期 |
| 凭证栏 | 填入记账凭证的编号。如果是采用专用记账凭证，还要列明记账凭证的种类，如现收、现付、银收、银付等 |
| 摘要栏 | 简要说明入账的经济业务的内容，文字上不需要与记账凭证的摘要完全一致，但实质内容应该保持一致 |
| 结算凭证栏 | 现金日记账没有这个栏目，银行存款日记账独有，用于标明每笔业务的结算凭证种类及编号，例如现支（现金支票）、转支（转账支票）、信汇（信汇凭证）、现存（现金存款单）、进账单（转账存款的进账单）、委收（委托银行收款）等 |
| 对方科目栏 | 登记记账凭证上与库存现金或银行存款相对的科目，用以反映库存现金或银行存款增减变化的来龙去脉。这一栏目的填写应该注意三点：<br>①只填总账科目，不需填明细科目<br>②当对方科目有多个时，只填入主要科目，如销售产品收到汇款，则“银行存款”的对应科目有“主营业务收入”和“应交税费”，此时可在对应科目栏中填入“主营业务收入”，在借方金额栏中填入取得的现金总额，而不能将一笔银行存款增加业务拆分成两个对应科目金额填入两行<br>③当对方科目有多个且不能从科目上划分出主次时，可以只填入其中金额较大的科目，并在其后加上“等”字。如用现金 800 元购买多种办公用品，其中 300 元由车间负担，500 元由行政管理部门负担，则在现金日记账“对应科目”栏中填入“管理费用等”，在贷方金额栏中填入支付的现金总额 800 元 |
| 借方和贷方 | 应根据记账凭证中记录的库存现金或银行存款的借贷方向及金额记入 |
| 余额栏 | 应根据“本行余额＝上行余额＋本行借方－本行贷方”公式计算填入。正常情况下库存现金和银行存款不会出现贷方余额，因此，余额栏前未印有借贷方向，其余额方向默认为借方。若在记账过程中，由于登账顺序等特殊原因出现了贷方余额，则在余额栏用红字登记，表示贷方余额 |
| 核对栏 | 在结账前进行账账核对时，为了区分已核对和未核对的项目，在已核对过的记录中加上核对符号，一般用“√”表示 |

（2）日记账登记演练

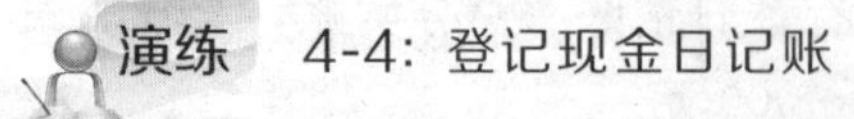

演练 4-4：登记现金日记账

2016 年 4 月 1 日，甲企业现金日记账余额为 3 500 元，2016 年 4 月 2 日发生了以下几笔现金业务，具体业务及会计分录如下。

购买办公用品，支付现金 700 元，编制的会计分录如下。

借：管理费用　　700
　　贷：库存现金　　700

从银行提取现金 1 500 元，用来当作备用金，编制的会计分录如下。

借：库存现金　　1 500
　　贷：银行存款　　1 500

用库存现金支付车间水电费，共计 2 000 元，编制的会计分录如下。

借：制造费用　　2 000
　　贷：库存现金　　2 000

现金日记账的登记如图 4-2 所示。

**现 金 日 记 账**

| 2016 年 | | 凭证号 | | 对方科目 | 摘要 | 借方 | 贷方 | 借或贷 | 余额 |
|---|---|---|---|---|---|---|---|---|---|
| 月 | 日 | 字 | 号 | | | | | | |
| | | | | | 承前页 | | | 借 | 3 500 |
| 4 | 2 | 现付 | 1 | 管理费用 | 购买办公用品 | | 700 | 借 | 2 800 |
| 4 | 2 | 现收 | 2 | 银行存款 | 用作备用金 | 1 500 | | 借 | 4 300 |
| 4 | 2 | 现付 | 3 | 制造费用 | 支付车间水电费 | | 2 000 | 借 | 2 300 |
| | | | | | 本日合计 | ￥1 500 | ￥2 700 | | ￥2 300 |

图 4-2　现金日记账登记示例

### 演练　4-5：登记银行存款日记账

2016 年 4 月 5 日，甲企业银行存款日记账余额为 76 000 元，2016 年 4 月 6 日发生了以下几笔银行存款业务。

从开户行提取 2 000 元作为备用金，编制的会计分录如下。（银付字第 62 号凭证，现金支票的号数为 5024）

借：库存现金　　2 000
　　贷：银行存款　　2 000

销售甲产品 50 吨，货款和增值税合计为 58 500 元，其中货款为 50 000 元，收到购货方一张金额为 58 500 元的转账支票，编制的会计分录如下。（银收字第 61 号凭证，转账支票的号数为 8011）

借：银行存款　　58 500
　　贷：主营业务收入——甲产品　　50 000
　　　　应交税费——应交增值税（销项税额）　　8 500

利用转账支票购买办公用品一批，共计 1 268 元，编制的会计分录如下。（银付字第 63 号凭证，转账支票号数为 8093）

借：管理费用　　1 268
　贷：银行存款　　1 268

登记的银行存款日记账如图 4-3 所示。

**银行存款日记账**

| 2016年 | | 凭证号 | | 摘要 | 结算凭证 | | 对方科目 | 收入（借方） | 支出（贷方） | 余额 |
|---|---|---|---|---|---|---|---|---|---|---|
| 月 | 日 | 字 | 号 | | 种类 | 号码 | | | | |
| | | | | 承前页 | | | | | | 76 000 |
| 4 | 6 | 银付 | 62 | 提取备用金 | 现支 | 5024 | 库存现金 | | | |
| 4 | 6 | 银收 | 61 | 销售甲产品 50 吨 | 转支 | 8011 | 主营业务收入 | 50 000 | | |
| | | | | | 转支 | 8011 | 应交税费 | 8 500 | | |
| 4 | 6 | 银付 | 63 | 购买办公用品 | 转支 | 8093 | 管理费用 | | 1 268 | |
| | | | | | | | 本日合计 | ￥58 500 | ￥1 268 | ￥133 232 |

图 4-3　银行存款日记账登记示例

### 4.2.2　总账登记规范与演练

（1）总账登记规范

总账是指总分类账簿，也称总分类账，是根据总分类科目开设账户，用来登记全部经济业务，进行总分类核算，提供总括核算资料的分类账簿。总分类账所提供的核算资料，是编制会计报表的主要依据，任何单位都必须设置总分类账。

总分类账的登记方法，主要取决于所采用的会计核算形式。它可以直接根据各种记账凭证逐笔登记，也可以先把记账凭证按照一定方式进行汇总，编制成科目汇总表或汇总记账凭证等，然后据以登记。具体的登记规范如表 4-4 所示。

**表 4-4　总分类账的登记规范**

| 登记方式 | 登记规范 |
|---|---|
| 根据记账凭证核算形式登记 | 对于规模较小、经济业务较少的企业，可采用记账凭证核算形式登记总分类账。根据记账凭证，总分类账的登记步骤如下<br>①会计人员根据原始凭证登记记账凭证<br>②会计人员再根据记账凭证登记总分类账 |
| 根据科目汇总表核算形式登记 | 对于规模较大、经济业务较多的企业，可采用科目汇总表核算形式登记总分类账。根据科目汇总表，总分类账的登记步骤如下<br>①会计人员根据原始凭证登记记账凭证<br>②会计人员根据记账凭证编制科目汇总表<br>③会计人员根据科目汇总表登记总分类账 |
| 根据汇总记账凭证核算形式登记 | 对于规模较大、经济业务较多的企业，还可采用汇总记账凭证形式进行核算。采用这种核算形式进行总分类账登记时，可以采取以下步骤<br>①会计人员根据原始凭证或原始凭证汇总表填制收、付、转凭证<br>②会计人员根据收、付、转凭证定期填制汇总收、付、转凭证<br>③月末，会计人员根据汇总收、付、转凭证登记总分类账 |

（2）总账登记演练

演练 4-6：采用记账凭证核算形式登记总分类账

以甲企业经济业务为例，2016 年 7 月份库存现金和银行存款的收付款凭证如图 4-4～图 4-7 所示。

付 款 凭 证

贷方科目：库存现金　　2016 年 7 月 18 日　　现付字第 01 号

| 摘要 | 借方总账科目 | 明细科目 | √ | 金额 | | | | | | | | | |
|---|---|---|---|---|---|---|---|---|---|---|---|---|---|
| | | | | 千 | 百 | 十 | 万 | 千 | 百 | 十 | 元 | 角 | 分 |
| 预借差旅费 | 其他应收款 | 丁某 | | | | | | 1 | 3 | 0 | 0 | 0 | 0 |
| | | | | | | | | | | | | | |
| | | | | | | | | | | | | | |
| 合计 | | | | | | | ¥ | 1 | 3 | 0 | 0 | 0 | 0 |

财务主管：×××　记账：×××　出纳：×××　审核：×××　制单：×××

图 4-4　库存现金付款凭证登记示例

收 款 凭 证

借方科目：库存现金　　2016 年 7 月 31 日　　现收字第 01 号

| 摘要 | 贷方总账科目 | 明细科目 | √ | 金额 | | | | | | | | | |
|---|---|---|---|---|---|---|---|---|---|---|---|---|---|
| | | | | 千 | 百 | 十 | 万 | 千 | 百 | 十 | 元 | 角 | 分 |
| 现金长款 | 待处理财产损溢 | | | | | | | | | 2 | 0 | 0 | 0 |
| | | | | | | | | | | | | | |
| | | | | | | | | | | | | | |
| 合计 | | | | | | | | | ¥ | 2 | 0 | 0 | 0 |

财务主管：×××　记账：×××　出纳：×××　审核：×××　制单：×××

图 4-5　库存现金收款凭证登记示例

收 款 凭 证

借方科目：银行存款　　2016 年 7 月 15 日　　银收字第 01 号

| 摘要 | 贷方总账科目 | 明细科目 | √ | 金额 | | | | | | | | | |
|---|---|---|---|---|---|---|---|---|---|---|---|---|---|
| | | | | 千 | 百 | 十 | 万 | 千 | 百 | 十 | 元 | 角 | 分 |
| 收到前欠材料款 | 应收账款 | 材料款 | | | | | | 8 | 0 | 0 | 0 | 0 | 0 |
| | | | | | | | | | | | | | |
| | | | | | | | | | | | | | |
| 合计 | | | | | | | ¥ | 8 | 0 | 0 | 0 | 0 | 0 |

财务主管：×××　记账：×××　出纳：×××　审核：×××　制单：×××

图 4-6　银行存款收款凭证登记示例

① 库存现金收付款凭证。

② 银行存款收付款凭证。

付 款 凭 证

贷方科目：银行存款　　　　2016年7月23日　　　　银付字第01号

| 摘　要 | 借方总账科目 | 明细科目 | √ | 金额 | | | | | | | | | |
|---|---|---|---|---|---|---|---|---|---|---|---|---|---|
| | | | | 千 | 百 | 十 | 万 | 千 | 百 | 十 | 元 | 角 | 分 |
| 偿还前欠购货款 | 应付账款 | 货款 | | | | | 1 | 5 | 0 | 0 | 0 | 0 | 0 |
| | | | | | | | | | | | | | |
| | | | | | | | | | | | | | |
| | 合　计 | | | | | ¥ | 1 | 5 | 0 | 0 | 0 | 0 | 0 |

财务主管：×××　　记账：×××　　出纳：×××　　审核：×××　　制单：×××

图 4-7　银行存款付款凭证登记示例

假设 7 月份库存现金和银行存款的期初余额都为 10 000 元。根据收付款凭证登记的总分类账，如图 4-8 和图 4-9 所示。

总 分 类 账

总账科目：库存现金　　　　第×页

| 2016年 | | 凭证 | | 摘要 | 借方 | 贷方 | 借或贷 | 余额 |
|---|---|---|---|---|---|---|---|---|
| 月 | 日 | 种类 | 号数 | | | | | |
| 7 | 1 | | | 期初余额 | | | 借 | 10 000 |
| 7 | 31 | | | 本期发生额 | 20 | 1 300 | 借 | 8 720 |
| | | | | 本期发生额及余额 | 20 | 1 300 | 借 | 8 720 |

图 4-8　库存现金总分类账登记示例

总 分 类 账

总账科目：银行存款　　　　第×页

| 2016年 | | 凭证 | | 摘要 | 借方 | 贷方 | 借或贷 | 余额 |
|---|---|---|---|---|---|---|---|---|
| 月 | 日 | 种类 | 号数 | | | | | |
| 7 | 1 | | | 期初余额 | | | 借 | 10 000 |
| 7 | 31 | | | 本期发生额 | 8 000 | 15 000 | 借 | 3 000 |
| | | | | 本期发生额及余额 | 8 000 | 15 000 | 借 | 3 000 |

图 4-9　银行存款总分类账登记示例

## 演练　4-7：根据科目汇总表核算形式登记总分类账

以甲企业经济业务为例，2016 年 8 月 25 日，会计人员以三项经济业务的记账凭证编制科目汇总表，具体如图 4-10 所示。

科目汇总表

2016 年 8 月 25 日　　汇字第×号

| 科目编号 | 科目名称 | 借方金额 | 贷方金额 |
|---|---|---|---|
| 1002 | 银行存款 | 300 000 | 267 000 |
| 1015 | 材料采购 | 200 000 | 0 |
| 1030 | 应付账款 | 267 000 | 234 000 |
| 1046 | 应交税费 | 34 000 | 0 |
| 1052 | 股本 | 0 | 300 000 |
| 合计 | | ¥801 000 | ¥801 000 |

图 4-10　科目汇总表登记示例

会计人员依据科目汇总表登记银行存款总分类账和应付账款总分类账，已知银行存款总分类账的期初余额为 1 650 000 元；应付账款总分类账的期初余额为 500 000 元。如图 4-11 和图 4-12 所示。

总 分 类 账

总账科目：银行存款　　第×页

| 2016 年 | | 凭证 | | 摘要 | 借方 | 贷方 | 借或贷 | 余额 |
|---|---|---|---|---|---|---|---|---|
| 月 | 日 | 种类 | 号数 | | | | | |
| 8 | 1 | | | 期初余额 | | | 借 | 1 650 000 |
| 8 | 10 | | | 支付前欠材料款 | | 267 000 | 借 | 1 383 000 |
| 8 | 25 | | | 收到乙企业投资款 | 300 000 | | 借 | 1 683 000 |

图 4-11　银行存款总分类账登记示例

总 分 类 账

总账科目：应付账款　　第×页

| 2016 年 | | 凭证 | | 摘要 | 借方 | 贷方 | 借或贷 | 余额 |
|---|---|---|---|---|---|---|---|---|
| 月 | 日 | 种类 | 号数 | | | | | |
| 8 | 1 | | | 期初余额 | | | 贷 | 500 000 |
| 8 | 10 | | | 支付前欠材料款 | 267 000 | | 贷 | 233 000 |
| 8 | 25 | | | 购进 B 材料 | | 234 000 | 贷 | 467 000 |

图 4-12　应付账款总分类账登记示例

## 演练 4-8：根据汇总记账凭证核算形式登记总分类账

已知甲企业 2016 年 9 月份的汇总付款凭证和银行存款汇总收款凭证如图 4-13 和图 4-14 所示。

## 汇 总 付 款 凭 证

贷方账户：银行存款　　2016年9月　　第01号

| 借方账户 | 金额 | | | | 总账页数 | |
|---|---|---|---|---|---|---|
| | 1至10日付款凭证 | 11至20日付款凭证 | 21至30付款凭证 | 合　计 | 借方 | 贷方 |
| 库存现金 | 2 000 | | | 2 000 | | |
| 应付账款 | | 8 000 | | 8 000 | | |
| | | | | | | |
| 合计 | ￥2 000 | ￥8 000 | | ￥ 10 000 | | |

会计：××× 记账：××× 审核：××× 填制：×××

图 4-13　汇总付款凭证登记示例

## 汇 总 收 款 凭 证

贷方账户：银行存款　　2016年9月　　第01号

| 借方账户 | 金额 | | | | 总账页数 | |
|---|---|---|---|---|---|---|
| | 1至10日付款凭证 | 11至20日付款凭证 | 21至30付款凭证 | 合　计 | 借方 | 贷方 |
| 库存现金 | | 1 000 | | 1 000 | | |
| 应付账款 | | 25 000 | | 25 000 | | |
| | | | | | | |
| 合计 | | ￥26 000 | | ￥26 000 | | |

会计：××× 记账：××× 审核：××× 填制：×××

图 4-14　汇总收款凭证登记示例

根据上述银行存款汇总付款凭证和汇总收款凭证，登记银行存款总分类账。已知银行存款总分类账的期初余额为 40 000 元。具体如图 4-15 所示。

## 总 分 类 账

总账科目：银行存款

| 2016年 | | 凭证 | | 摘要 | 借方 | 贷方 | 借或贷 | 余额 |
|---|---|---|---|---|---|---|---|---|
| 月 | 日 | 种类 | 号数 | | | | | |
| 9 | 1 | | | 期初余额 | | | 借 | 40 000 |
| 9 | 30 | 汇收 | 01 | 本期发生额 | 26 000 | | | |
| 9 | 30 | 汇付 | 01 | | | 10 000 | | |
| | | | | 本期发生额及余额 | 26 000 | 10 000 | 借 | 16 000 |
| | | | | 本月累计 | | | 借 | ￥16 000 |

图 4-15　银行存款总分类账登记示例

### 4.2.3 明细账登记规范与演练

（1）明细账登记规范

为了详细地反映企业经济活动情况，并为编制财务报表提供详细核算资料，各单位应在设置总分类账的基础上，根据经营管理需要设置必要的明细分类账，如材料明细账、应收账款明细账等。明细分类账一般采用活页式账簿，也可采用卡片式账簿，如固定资产卡片账可作为固定资产明细账。

明细分类账的格式，应根据它所反映经济业务内容的特点，以及实物管理的不同要求来设计，一般有三栏式、数量金额式和多栏式，具体的登记规范如表 4-5 所示。

**表 4-5 明细分类账的登记规范**

| 登记格式 | 登记规范 |
|---|---|
| 三栏式明细账 | 账页格式与三栏式总分类账的格式基本相同，账页内只设有借方、贷方和余额三个金额栏，不设数量栏。这些格式适用于那些只需要进行金额核算的资本、债权、债务等类型科目，如“应收账款”“应付账款”“其他应付款”“短期借款”“长期借款”“实收资本”等科目的明细分类核算 |
| 数量金额式明细账 | 数量金额式明细分类账的账页，在收入、发出和结存栏内，分别设有数量栏、单价栏和金额栏，这种格式适用于既要进行金额核算，又要进行实物数量核算的各种财产物资科目，如“原材料”“产成品”等科目的明细分类核算 |
| 多栏式明细账 | 多栏式明细分类账适用于只需要进行金额核算而不需要数量核算，并且管理上要求反映项目构成情况的成本费用支出、收入、财务成果类科目，如“生产成本”“制造费用”“管理费用”“财务费用”“营业外收入”“本年利润”等科目的明细分类核算 |

（2）明细账登记演练

**演练 4-9：登记三栏式明细账**

2016 年 9 月 1 日，甲企业销售给乙企业一批材料，材料款价税合计 93 600 元；7 日，收到乙企业银行转账偿还的部分货款 80 000 元；14 日，又收到乙企业开出转账支票支付货款 4 100 元。假设应收账款的期初余额为 0。会计人员根据上述业务，登记的三栏式明细账，如图 4-16 所示。

**三栏式明细账**

会计科目：应收账款

二级或明细科目：乙企业

| 2016 年 | | 凭证字号 | | 摘要 | 借方 | 贷方 | 借或贷 | 余额 |
|---|---|---|---|---|---|---|---|---|
| 月 | 日 | | | | | | | |
| 9 | 1 | | | 期初余额 | | | 平 | 0 |
| 9 | 1 | | | 销售材料款 | 93 600 | | 借 | 93 600 |
| 9 | 7 | | | 收到乙企业货款 | | 80 000 | 借 | 13 600 |
| 9 | 14 | | | 收到乙企业货款 | | 4 100 | 借 | 9 500 |
| | | | | | ￥93 600 | ￥84 100 | 借 | ￥9 500 |

图 4-16 三栏式明细账登记示例

## 演练 4-10：登记数量金额式明细账

2016 年 10 月 1 日，甲企业电灯的期初余额为 50 个，单价 2.50 元。10 月 1 日，购入电灯 100 个，单价 2 元；10 月 3 日，购入电灯 50 个，单价 2.3 元；10 月 5 日，车间领用电灯 80 个。会计人员根据上述业务，登记的数量金额式明细账，如图 4-17 所示。

**数量金额式明细账**

类别：电灯

品名或规格：100W

计量单位：个

| 2016 年 | | 凭证字号 | 摘要 | 收入 | | | 发出 | | | 结存 | | |
|---|---|---|---|---|---|---|---|---|---|---|---|---|
| 月 | 日 | | | 数量 | 单价 | 金额 | 数量 | 单价 | 金额 | 数量 | 单价 | 金额 |
| 10 | 1 | | 期初 | | | | | | | 50 | 2.5 | 125 |
| 10 | 1 | | 购入 | 100 | 2 | 200 | | | | 50<br>100 | 2.5<br>2 | 125<br>200 |
| 10 | 3 | | 购入 | 50 | 2.3 | 115 | | | | 50<br>100<br>50 | 2.5<br>2<br>2.3 | 125<br>200<br>115 |
| 10 | 5 | | 工地<br>领用 | | | | 50<br>30 | 2.5<br>2 | 125<br>60 | 70<br>50 | 2<br>2.3 | 140<br>115 |

图 4-17　数量金额式明细账登记示例

## 演练 4-11：登记多栏式明细账

下图是甲企业 2016 年 11 月份应交增值税多栏式明细账，详细说明了应交的进项税额、销项税额、出口退税、进项税额转出、转出多交增值税等金额。具体登记如图 4 18 所示。

**多栏式明细账**

| 2016 年 | | 凭证字号 | 摘要 | 借方 | 贷方 | 借或贷 | 余额 | 借方分析 | | 贷方分析 | | | |
|---|---|---|---|---|---|---|---|---|---|---|---|---|---|
| 月 | 日 | | | | | | | 进项税额 | 已交税费 | 销项税额 | 出口退税 | 进项税额转出 | 转出多交增值税 |
| 11 | 12 | 付 | 上期结转 | | | 平 | | | | | | | |
| 11 | 23 | 转 | 购入甲材料 | 34 000 | | 借 | 34 000 | 3 400 | | | | | |
| 11 | 25 | 收 | 购入乙材料 | 17 000 | | 借 | 51 000 | 1 700 | | | | | |
| 11 | 28 | 收 | 销售甲产品 | | 68 000 | 贷 | 17 000 | | | 6 800 | | | |
| | | | 销售乙产品 | | 17 000 | 贷 | 34 000 | | | 1 700 | | | |
| | | | 当前合计 | 51 000 | 85 000 | 贷 | 34 000 | 5 100 | | 8 500 | | | |
| | | | 当前累计 | 51 000 | 85 000 | 贷 | 34 000 | 5 100 | | 8 500 | | | |

图 4-18　多栏式明细账登记示例

# 4.3 会计账簿的更换规范与演练

## 4.3.1 会计账簿更换规范与演练

（1）会计账簿更换规范

在新的会计年度建账也并不是所有的账簿都更换为新的，一般来说，现金日记账、银行存款日记账、总分类账和大部分的明细分类账应当每年更换一次。只是有个别的明细分类账如财产物资明细账和债权债务明细账等，由于原材料品种、数量和往来相关的单位较多，更换新账需要重新抄一遍，就加大了工作量，因此，可跨年度使用，不必每年更换一次。第二年度时，可直接在上年终了的双线下面记账。各种备查账簿也可以连续使用。

（2）会计账簿更换演练

**演练 4-12：会计账簿更换**

甲企业会计人员在 2016 年 12 月 31 日进行下年度会计账簿的更换工作：

① 会计人员检查本年度账簿记录在年终结账时是否全部结清。有期末余额的账户应在新账中同账户的第一行日期栏内注明 1 月 1 日，摘要栏内注明“上年结转”或“年初余额”字样，将上年的期末余额以同方向记入新账中的余额栏内，并在借或贷栏内注明余额的方向（借方还是贷方）。

② 个别可跨年使用的明细分类账，在上年终了用在双线下面进行记账。

③ 各种备查账簿仍继续使用。

## 4.3.2 旧账归档规范与演练

（1）旧账归档规范

除跨年使用的账簿外，被更换的旧账簿均应归档保管。这些归档保管的账簿具有相应的保管期限，在保管期限内，保管人员应保证账簿的安全、完整，不得随意丢弃、损毁账簿，具体的保管期限要求如表 4-6 所示。

**表 4-6 旧账归档期限规范**

| 账簿名称 | 保管期限规范 |
|---|---|
| 一般日记账 | 15 年 |
| 现金和银行存款日记账 | 25 年 |
| 明细账和总账 | 15 年 |
| 固定资本卡片 | 在固定资产清理报废后保存 5 年 |
| 辅助账簿 | 15 年 |
| 涉外和重大事项会计账簿 | 永久保管 |

（2）旧账归档演练

**演练 4-13：旧账归档**

2016 年 1 月 4 日，甲企业会计人员对 2015 年需要归档保管的旧账进行了如下处理。

① 核对页数。对于订本账，按账簿启用表的使用页数核对账户页数是否相符，账页是否齐全，序号排列是否连续；对于活页账，按会计账簿封面、账簿启用表、账户目录和排序整理好的账页顺序，并把页数填入账簿启用表内。

② 装订活页账。将账页填写齐全，去除空白页和账夹，并加具封底封面；多栏式活页账、三栏式活页账、数量金额式活页账等不得混装，应按同类业务、同类账页装订在一起；在装订账页的封面上填写好账簿的种类，编好卷号，由会计主管人员、装订人或经办人签章。

③ 最终检查。检查账簿是否牢固、平整，没有折角、缺角、错页、掉页、加空白纸的现象；检查封口是否严密，封口处要加盖印章；检查封面是否齐全、平整，是否注明所属年度及账簿名称、编号，编号要一年一编，编号顺序是总账、现金日记账、银行存款日记账、分类明细账；检查完毕后，将所有账簿交由档案人员造册归档。归档时，应编制“会计账簿归档登记表”并明确责任。

④ 根据各类账簿的保管期限进行保管。

# 实账演练——资产类业务核算

## 5.1 货币资金核算规范与演练

### 5.1.1 库存现金核算规范与演练

（1）库存现金的核算规范

库存现金是指企业为了满足经营过程中零星支付需要而保留的现金。库存现金的核算内容包括库存现金的总分类核算、库存现金的序时核算、库存现金清查的核算，具体的核算规范如下。

① 总分类核算。

为了总括地反映库存现金的收入、支出和结存情况，应设置“库存现金”总分类账户，该账户借方登记增加额，贷方登记减少额，期末借方余额反映库存现金的期末结存金额。

企业内部各部门、各单位周转适用的备用金，应在“其他应收款——备用金”账户核算，或单独设置“备用金”账户核算，不在“库存现金”账户核算。

当企业收取现金时，应借记“库存现金”账户，贷记“银行存款”“应收账款”“其他应收款”等有关账户；企业支出现金时，做相反会计分录。

② 序时核算。

为了加强对企业现金的管理，保证现金的安全，企业必须设置“现金日记账”，按照现金业务发生的先后顺序逐日逐笔序时登记。每日终了，应将“现金日记账”的结余数与实际库存现金数进行核对，做到账款相符。月份终了，“现金日记账”的余额必须与“库存现金”总账的余额核对相符。

③ 清查核算。

现金清查指对库存现金的盘点与核对，包括出纳人员每日终了前进行的现金账款核对和清查小组进行的定期或不定期的现金盘点、核对。对于有待查明原因的现金短缺或溢余，应通过“待处理财产损益”科目核算。

待查明原因后，应分情况进行会计处理：如为现金短缺，属于应由责任人赔偿的部分应计入“其他应收款”，属于无法查明的其他原因，根据管理权限经批准后计入“管理费用”；如为现金溢余，属于应支付给有关人员或单位的，应计入“其他应付款”；属于确实无法查明原因的现金溢余，经批准后计入“营业外收入”。

（2）库存现金的核算演练

## 演练 5-1：总分类核算

2016 年 1 月 8 日，甲企业员工丁某因出差，预借差旅费 1 300 元，编制的会计分录如下。（现付 01）

借：其他应收款——丁某　　1 300
　贷：库存现金　　1 300

12 日，丁某出差回来报销差旅费 1 100 元，编制的会计分录如下。（现收 01）

借：管理费用——差旅费　　1 100
　　库存现金　　200
　贷：其他应收款——丁某　　1 300

## 演练 5-2：序时核算

承演练 5-1，登记现金日记账如图 5-1 所示。

现 金 日 记 账

假设为期初余额

| 2016 年 | | 凭证 | | 摘要 | 对方科目 | 借方 | 贷方 | 借或贷 | 余额 | √ |
|---|---|---|---|---|---|---|---|---|---|---|
| 月 | 日 | 字 | 号 | | | | | | | |
| 1 | 1 | | | 期初余额 | | | | 借 | 2 000 | |
| 1 | 8 | 现付 | 01 | 预借差旅费 | | | 1 300 | 借 | 700 | |
| | 12 | 现收 | 01 | 交回多余的差旅费 | | 200 | | 借 | 900 | |
| | | | | 本月合计 | | 200 | 1 300 | 借 | 900 | |
| | | | | | | | | | | |

注：———— 表示单红线

图 5-1　序时核算现金日记账登记示例

## 演练 5-3：库存现金清查核算

2016 年 1 月 31 日，甲企业的清查小组在盘点库存现金时，发现库存现金实存数为 800.52 元。

① 经核对现金日记账发现，现金日记账账面余额为 780.52 元，现金长款 20 元，编制的会计分录如下。

借：库存现金　　20
　贷：待处理财产损益　　20

经查，现金长款属于应付给员工丙某报销的交通费，编制的会计分录如下。

借：待处理财产损益　　20
　　贷：其他应付款——丙某　　20

假设经查，现金长款属于无法查明原因的，编制的会计分录如下。

借：待处理财产损益　　20
　　贷：营业外收入　　20

② 假设经核对现金日记账，发现现金日记账账面余额为 880.52 元，现金短款 80 元，编制的会计分录如下。

借：待处理财产损益　　80
　　贷：库存现金　　80

经查，现金短款属于员工乙某应付的罚款，编制的会计分录如下。

借：其他应收款——乙某　　80
　　贷：待处理财产损益　　80

假设经查该现金短款属于无法查明原因的，编制的会计分录如下。

借：管理费用——现金短缺　　80
　　贷：待处理财产损益　　80

### 5.1.2 银行存款核算规范与演练

（1）银行存款的核算规范

银行存款是指企业存放在银行或其他金融机构的货币资金。银行存款的核算内容包括总分类核算、序时核算和清查核算，具体的核算规范如下。

① 总分类核算。

为了总括地反映银行存款的收入、支出和结存情况，应设置“银行存款”总分类账户，借方登记增加额，贷方登记减少额，期末借方余额反映银行存款的期末结存金额。

当企业收取银行存款时，应借记“银行存款”账户，贷记“应收账款”等有关账户；企业开出支票时，根据支票存根和有关原始凭证（收款人开出的收据或发票等），及时编制付款凭证，借记“管理费用”有关账户，贷记“银行存款”账户。

② 序时核算。

为了全面、系统、连续、详细地反映有关银行存款的情况，应设置“银行存款日记账”，由出纳人员根据审核无误的收、付款凭证，按照业务发生的先后顺序逐日逐笔序时登记。每日终了，结出余额。月份终了，“银行存款日记账”的余额必须与“银行存款”总账的余额核对相符。

③ 清查核算。

为了保证会计账簿的真实、准确，避免银行存款账目发生差错，月份终了，除了“银行存款日记账”与“银行存款”总账的余额核对相符外，还必须将单位银行存款日记账与银行对账单核对，确定账实相符。

如企业账目与银行账目存在差异，应通过“银行存款余额调节表”进行检查，具体格式如图 5-2 所示。

银行存款余额调节表

| 项目 | 金额 | 项目 | 金额 |
|---|---|---|---|
| 银行存款日记账余额 | | 银行存款日记账余额 | |
| 加：银行已收，企业未收款 | | 加：银行已收，企业未收款 | |
| 减：银行已付，企业未付款 | | 减：银行已付，企业未付款 | |
| 调节后存款余额 | | 调节后存款余额 | |

图 5-2　银行存款余款调节表示例

通过上表计算、核对调节，如果编制的“银行存款余额调节表”上的双方余额相等，则可以说明双方记账没有差错；若是经过调节还是不相等，就要进一步查找原因。

（2）银行存款的核算演练

## 演练　5-4：总分类核算

2016 年 1 月 15 日，甲企业收到客户偿还的前欠材料款 8 000 元，已存入银行，编制的会计分录如下。（银收 01）

借：银行存款　　8 000
　　贷：应收账款——材料款　　8 000

2016 年 1 月 23 日，甲企业以银行存款偿还前期的购货款 15 000 元，编制的会计分录如下。（银付 01）

借：应付账款　　15 000
　　贷：银行存款　　15 000

2016 年 1 月 25 日甲企业收到乙企业汇来的材料款 11 700 元。其中，材料款为 10 000 元，增值税为 1 700 元，款项已存入银行，编制的会计分录如下。（银收 01）

借：银行存款　　11 700
　　贷：主营业务收入　　10 000
　　　　应交税费——应交增值税（销项税额）　　1 700

## 演练　5-5：序时核算

承演练 5-4，登记银行存款日记账如图 5-3 所示。

**银行存款日记账**

假设为期初余额

| 2016年 | | 记账凭证 | | 摘要 | 对方科目 | 结算凭证 | | 收入（借方） | 付出（贷方） | 余额 |
|---|---|---|---|---|---|---|---|---|---|---|
| 月 | 日 | 种类 | 号数 | | | 种类 | 号数 | | | |
| 1 | 1 | | | 期初余额 | | | | | | 10 000 |
| 1 | 15 | 银收 | 01 | 收到前欠材料款 | | | | 8 000 | | 18 000 |
| | 23 | 银付 | 01 | 偿还前欠购货款 | | | | | 15 000 | 3 000 |
| | 25 | 银收 | 01 | 收到材料款 | | | | 11 700 | | 14 700 |
| | | | | 本月合计 | | | | 19 700 | 15 000 | 14 700 |
| | | | | | | | | | | |

注：———— 表示单红线

图 5-3 序时核算银行存款日记账登记示例

## 演练 5-6：银行存款清查核算

甲企业 2016 年 11 月 30 日银行存款日记账金额为 414 000 元，银行对账单的金额为 395 000元，出纳人员查对后发现有以下未达账项。

① 甲企业 2016 年 11 月 30 日收到一张转账支票是第一小学货款，于当天存入银行，金额为 65 700 元，甲企业出纳人员已经登记银行存款日记账，银行尚未入账；

② 甲企业 2016 年 11 月 30 日购买办公用品，开出一张转账支票付讫，金额为 2 900 元，出纳人员已经登记银行存款日记账，银行没有收到单据尚未入账；

③ 银行收到 11 月 30 日甲企业销售给第二小学的货款 45 100 元，银行已经入账而甲企业还没有收到单据尚未入账；

④ 银行扣走甲企业网上银行服务费 1 300 元，银行已入账，甲企业尚未登记银行存款日记账。

由上述内容，编制的银行存款余额调节表如图 5-4 所示。

**银行存款余额调节表**

| 项目 | 金额 | 项目 | 金额 |
|---|---|---|---|
| 银行存款日记账余额 | 414 000 | 银行对账单余额 | 395 000 |
| 加：银行已收，企业未收款 | 45 100 | 加：企业已收，银行未收款 | 65 700 |
| 减：银行已付，企业未付款 | 1 300 | 减：企业已付，银行未付款 | 2 900 |
| 调节后存款余额 | 457 800 | 调节后存款余额 | 457 800 |

图 5-4 银行存款余额调节表登记示例

通过银行存款余额调节表，可以看出甲企业 11 月的账目没有差错。

### 5.1.3 其他货币资金核算规范与演练

（1）其他货币资金核算规范

其他货币资金是指单位除库存现金、银行存款以外的其他形式存在的各种货币资金。主要包括外埠存款、银行汇票存款、银行本票存款、信用卡存款、信用证保证金存款、存出投资款、保函押金。

为了反映和监督其他货币资金的收支和结存情况，企业应设置“其他货币资金”总分类账户，该账户借方登记增加额，贷方登记减少额，期末借方余额反映其他货币资金的期末结存数额。在总分类科目下，还须设相关的明细科目。其他货币资金的核算规范如表 5-1 所示。

**表 5-1　其他货币资金的核算规范**

| 核算事项 | 核算规范 |
| --- | --- |
| 外埠存款 | ①企业将款项委托当地银行汇往采购地开立账户时，借记“其他货币资金——外埠存款”科目，贷记“银行存款”科目<br>②采购人员交来供应单位发票账单等报销凭证时，借记“在途物资”、“原材料”、“应交税费——应交增值税(进项税额)”等科目，贷记“其他货币资金——外埠存款”科目<br>③将多余的外埠存款转回当地银行时，根据开户银行的收账通知，借记“银行存款”科目，贷记“其他货币资金——外埠存款”科目 |
| 银行汇票存款 | ①企业在填送“银行汇票通知书”将款项交存银行并取得银行汇票后，根据银行盖章退回的申请书存根联，借记“其他货币资金——银行汇票”科目，贷记“银行存款”科目<br>②企业使用银行汇票后，根据发票账单等有关凭证，借记“在途物资”、“原材料”、“应交税费——应交增值税(进项税额)等科目，贷记”其他货币资金——银行汇票“科目<br>③因汇票超过付款期等原因而退回款项，根据开户银行转来的银行汇票第四联，借记“银行存款”科目，贷记“其他货币资金——银行汇票”科目 |
| 银行本票存款 | ①企业向银行提交“银行本票申请书”并将款项交存银行，取得银行本票后，根据银行盖章退回的申请单存根，借记“其他货币资金——银行本票”科目，贷记“银行存款”科目<br>②企业使用银行本票后，根据发票账单等有关凭证，借记“在途物资”“原材料”“应交税费——应交增值税(进项税额)”等科目，贷记“其他货币资金——银行本票”科目<br>③因本票超过付款期等原因而要求退款时，应当填制账单一式两联，连同本票一并递交银行，根据银行盖章退回进账单第一联，借记“银行存款”，贷记“其他货币资金——银行本票”等科目 |
| 信用卡存款 | ①企业应按规定填写申请表，连支票和有关资料一并递交发卡银行，根据银行盖章退回的进账单第一联，借记“其他货币资金——信用卡”科目，贷记“银行存款”科目<br>②企业使用信用卡购物或支付的有关费用，借记“生产成本”“管理费用”等科目，贷记“其他货币资金——信用卡”科目 |
| 信用证保证金存款 | ①企业向银行申请开立信用证，应按规定向银行缴纳保证金，根据银行退回的进账单第一联，借记“其他货币资金——信用证保证金”科目，贷记“银行存款”科目<br>②根据开证行交来的信用证来单通知书及有关单据列明的金额，借记“在途物资”“原材料”“应交税费——应交增值税(进项税额)”等科目，贷记“其他货币资金——信用证保证金”科目 |
| 存出投资款 | ①企业向证券公司划出资金时，应按实际划出金额，借记“其他货币资金——存出投资款”科目，贷记“银行存款”科目<br>②购买股票、债券时，按实际支付的金额，借记“交易性金融资产”等科目，贷记“其他货币资金——存出投资款”科目 |
| 保函押金 | ①企业支付保函押金时，借记“其他货币资金——保函押金”科目，贷记“银行存款”科目<br>②收回保函押金时，借“银行存款”，贷记“其他货币资金——保函押金”科目 |

（2）其他货币资金核算演练

### 演练 5-7：外埠存款的核算

2016 年 2 月 1 日，甲企业因需要到外地进行零星采购，办理了临时存款账户，并委托其基本存款户银行汇入临时存款户 50 000 元，编制的会计分录如下。（银付 01）

借：其他货币资金——外埠存款　　50 000
　　贷：银行存款　　50 000

2016 年 2 月 3 日，甲企业物资部门的采购员交来采购专户采购材料的增值税专用发票报销，其中材料款 20 000 元，增值税 3 400 元，编制的会计分录如下。

借：原材料　　20 000
　　应交税费——应交增值税（进项税额）　　3 400
　　贷：其他货币资金——外埠存款　　23 400

2016 年 2 月 5 日，甲企业接到开户行收款通知，临时采购专户的款已转回。编制的会计分录如下。（银收 01）

借：银行存款　　26 600
　　贷：其他货币资金——外埠存款　　26 600

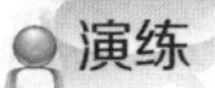

### 演练 5-8：银行汇票存款的核算

2016 年 2 月 7 日，甲企业以银行存款 20 000 元申请办理银行汇票，编制的会计分录如下。（银付 02）

借：其他货币资金——银行汇票存款　　20 000
　　贷：银行存款　　20 000

2016 年 2 月 9 日，甲企业购进一批原材料，其中，材料款 15 000 元，增值税额 2 550 元，甲企业已经将原材料入库，同时将金额为 20 000 的银行汇票支付材料款，甲企业编制的会计分录如下。

借：原材料　　15 000
　　应交税费——应交增值税（进项税额）　　2 550
　　贷：其他货币资金——银行汇票存款　　17 550

2016 年 2 月 11 日，甲企业收到多余款项入账通知，将多余款项收妥入账，编制的会计分录如下。（银收 02）

借：银行存款　　2 450
　　贷：其他货币资金——银行汇票存款　　2 450

## 演练 5-9：银行本票存款的核算

甲企业于 2016 年 2 月 13 日向银行提交的“银行本票申请书”80 000 元，并将款项交存银行，取得银行本票和银行盖章退回的申请书存根联。编制的会计分录如下。（银付 03）

借：其他货币资金——银行本票　　80 000
　　贷：银行存款　　80 000

2016 年 2 月 15 日，甲企业使用银行本票购买不需要安装的机器设备 1 台，支付 93 600 元，其中增值税专用发票上注明的增值税 13 600 元。编制的会计分录如下。

借：固定资产　　80 000
　　应交税费——应交增值税（进项税额）　　13 600
　　贷：其他货币资金——银行本票　　93 600

## 演练 5-10：信用卡存款的核算

2016 年 2 月 17 日，甲企业开出转账支票 30 000 元，连同信用卡申请表和有关资料一并递交发卡银行，根据银行盖章退回的银行进账单第一联建立信用卡存款账户。编制的会计分录如下。（银付 04）

借：其他货币资金——信用卡　　30 000
　　贷：银行存款　　30 000

2016 年 2 月 19 日，甲企业使用信用卡支付业务招待费 18 000 元，取得发票报销。编制的会计分录如下。

借：管理费用——业务招待费　　18 000
　　贷：其他货币资金——信用卡　　18 000

2016 年 2 月 20 日，甲企业又向信用卡账户续存资金 4 000 元。编制的会计分录如下。（银付 05）

借：其他货币资金——信用卡　　4 000
　　贷：银行存款　　4 000

## 演练 5-11：信用证保证金存款的核算

2016 年 2 月 21 日，甲企业向银行申请开立信用证账户，缴纳保证金 1 000 000 元，根据银行盖章退回的银行进账单第一联进账。编制的会计分录如下。（银付 06）

借：其他货币资金——信用证保证金　　1 000 000
　　贷：银行存款　　1 000 000

2016 年 2 月 23 日，甲企业根据开证行交来的信用证来单通知书及专用发票上列示的货款 1 400 000 元、注明的进项税额 238 000 元，并通过银行补付款 638 000 元。编制的会计分录如下。（银付 07）

借：原材料　　1 400 000
　　应交税费——应交增值税（进项税额）　　238 000
　　贷：其他货币资金——信用证保证金　　1 000 000
　　　　银行存款　　638 000

### 演练 5-12：存出投资款的核算

2016 年 2 月 24 日，甲企业以银行本票向乙公司划出投资款 20 000 000 元。编制的会计分录如下。（银付 08）

借：其他货币资金——存出投资款　　20 000 000
　　贷：银行存款　　20 000 000

2016 年 2 月 25 日，甲企业在某证券公司购买一批丙公司债券，其公允价值和实际支付价款均为 19 000 000 元，对该批债券企业准备一个月内出售。编制的会计分录如下。

借：交易性金融资产——债券投资（股本）　　19 000 000
　　贷：其他货币资金——存出投资款　　19 000 000

### 演练 5-13：保函押金的核算

2016 年 2 月 26 日，甲企业以银行转账支票向某商业银行交存 500 000 元押金，由银行出具投标保函。编制的会计分录如下。（银付 09）

借：其他货币资金——保函押金　　500 000
　　贷：银行存款　　500 000

2016 年 2 月 28 日，甲企业接到该商业银行的收款通知单，退回投标保函押金 500 000 元。编制的会计分录如下。（银收 03）

借：银行存款　　500 000
　　贷：其他货币资金——保函押金　　500 000

### 演练 5-14：其他货币资金的序时核算

以演练 5-7～演练 5-13 为例，登记银行存款日记账，如图 5-5 所示。

银 行 存 款 日 记 账

假设为期初余额

| 2016年 | | 记账凭证 | | 摘　要 | 对方科目 | 结算凭证 | | 收入（借方） | 付出（贷方） | 余额 |
|---|---|---|---|---|---|---|---|---|---|---|
| 月 | 日 | 种类 | 号数 | | | 种类 | 号数 | | | |
| 2 | 1 | | | 期初余额 | | | | | | 30 000 000 |
| 2 | | 银付 | 01 | 办理临时存款户 | | | | | 50 000 | 29 950 000 |
| | | 银收 | 01 | 收回多余款项 | | | | 26 600 | | 29 976 600 |
| | | 银付 | 02 | 办理银行汇票 | | | | | 20 000 | 29 956 600 |
| | | 银收 | 02 | 收到多余款项 | | | | 2 450 | | 29 959 050 |
| | | 银付 | 03 | 办理银行本票 | | | | | 80 000 | 29 879 050 |
| | | 银付 | 04 | 办理信用卡账户 | | | | | 30 000 | 29 849 050 |
| | | 银付 | 05 | 续存信用卡 | | | | | 4 000 | 29 845 050 |
| | | 银付 | 06 | 交纳信用证保证金 | | | | | 1 000 000 | 28 845 050 |
| | | 银付 | 07 | 通过银行补付款 | | | | | 638 000 | 28 207 050 |
| | | 银付 | 08 | 存出投资款 | | | | | 20 000 000 | 8 207 050 |
| | | 银付 | 09 | 交纳投标保函押金 | | | | | 500 000 | 7 707 050 |
| | | 银收 | 03 | 收回投标保函押金 | | | | 500 000 | | 8 207 050 |
| | | | | 本月合计 | | | | 529 050 | 22 322 000 | 8 207 050 |
| | | | | | | | | | | |

注：———— 表示单红线

图 5-5　其他货币资金的序时核算银行存款日记账登记示例

## 5.2 应收款项核算规范与演练

### 5.2.1　应收票据核算规范与演练

（1）应收票据核算规范

应收票据是指企业持有的未到期或未兑现的商业汇票。商业汇票按承兑人的不同分为银行承兑汇票和商业承兑汇票。企业应设置“应收票据”账户，借方核算企业实际收到的商业汇票，贷方核算到期收回的票据款，将未到期的票据到银行办理贴现的应收票据以及到期票据出票人无力支付而转入应收账款的票据；期末余额在借方，反映企业持有的商业汇票的票面金额。

应收票据具体的核算规范如表 5-2 所示。

（2）应收票据核算演练

**演练　5-15：收到商业票据的核算**

2016 年 5 月 1 日，甲企业向乙企业销售一批商品，货款为 3 000 元，适用增值税率 17%，

表 5-2 应收票据的核算规范

| 核算事项 | 核算规范 |
| --- | --- |
| 收到商品票据 | 企业因销售商品、提供劳务等而收到开出、承兑的商业汇票，按商业汇票的票面金额，借记“应收票据”科目，按确认的营业收入，贷记“主营业务收入”等科目，按专用发票上注明的增值税额，贷记“应交税费——应交增值税(销项税额)”科目 |
| 应收票据贴现 | ①持未到期的商业汇票向银行贴现，应按实际收到的金额，借记“银行存款”等科目，按贴现利息部分，借记“财务费用”等科目，按商业汇票的票面金额，贷记“应收票据”科目或“短期借款”科目<br>②贴现的商业承兑汇票到期，因承兑人的银行账户不足支付，申请贴现的企业收到银行退回的应收票据、支款通知和拒绝付款理由书或付款人未付票款通知时，按所付本息，借记“应收账款”科目，贷记“银行存款”科目；如果申请贴现企业的银行存款账户余额不足，银行做逾期贷款处理时，借记“应收账款”科目，贷记“短期借款”科目 |
| 应收票据背书转让 | 企业将持有的商业汇票背书转让以取得所需物资时，按应计入取得物资成本的金额，借记“材料采购”“原材料”“库存商品”等科目，按可抵扣的增值税额，借记“应交税费——应交增值税(进项税额)”科目，按商业汇票的票面金额，贷记“应收票据”科目，如有差额，借记或贷记“银行存款”等科目 |
| 应收票据到期 | 应收票据到期，应按实际收到的金额，借记“银行存款”科目，按商业汇票的票面金额，贷记“应收票据”科目 |

乙企业开出一张期限为 6 个月的不带息的商业汇票，票面金额为 3 510 元。编制的会计分录如下。

| | | |
| --- | --- | --- |
| 借：应收票据 | 3 510 | |
| 　　贷：主营业务收入 | | 3 000 |
| 　　　　应交税费——应交增值税（销项税额） | | 510 |

## 演练 5-16：应收票据贴现的核算

2016 年 5 月 3 日，甲企业将乙公司出具的一张不带息商业承兑汇票到银行贴现，该票据的出票日期为 2016 年 3 月 3 日，面值 400 000 元，期限 6 个月。贴现年利率为 3%。编制的会计分录如下。

贴现利息＝票据到期值×贴现率×贴现天数/360＝400 000×3%×120/360＝4 000(元)

贴现天数＝120(天)

贴现所得金额＝票据到期值－贴现息＝400 000－4 000＝396 000(元)

| | | |
| --- | --- | --- |
| 借：银行存款 | 396 000 | |
| 　　财务费用——利息支出 | 4 000 | |
| 　　贷：应收票据——商业承兑汇票 | | 400 000 |

2016 年 5 月 5 日，甲企业收到某商业银行通知，于 2 月 5 日向银行贴现的丁公司出具的不带息商业承兑汇票到期无法收回，该票据的到期值为 400 000 元，甲企业以银行存款支付给贴现银行 400 000 元，并已经收到银行退回的商业承兑汇票。编制的会计分录如下。

| | | |
| --- | --- | --- |
| 借：应收账款——丁公司 | 400 000 | |
| 　　贷：银行存款 | | 400 000 |

### 演练 5-17：应收票据背书转让的核算

2016 年 5 月 7 日，甲企业将持有的一张面值 100 000 元的不带息票据背书转让给了乙公司，取得原材料一批，价值 110 000 元，专用发票上注明的增值税额为 18 700 元，差额以银行存款支付，该批原材料已验收入库。编制的会计分录如下。

| | | |
|---|---|---|
| 借：原材料 | 110 000 | |
| 　　应交税费——应交增值税（进项税额） | 18 700 | |
| 　　贷：应交票据——商业承兑汇票 | | 100 000 |
| 　　　　银行存款 | | 28 700 |

### 演练 5-18：应收票据到期的核算

2016 年 5 月 9 日，甲企业收回到期的不带息的银行承兑汇票一张，该票据票面金额 500 000元。编制的会计分录如下。

| | | |
|---|---|---|
| 借：银行存款 | 500 000 | |
| 　　贷：应收票据——银行承兑汇票 | | 500 000 |

## 5.2.2 应收账款核算规范与演练

（1）应收账款核算规范

应收账款是指企业因销售商品或产品、提供劳务等经营活动，应向购货单位或接受劳务单位收取的款项。为了反映应收账款的增减变动及其结存情况，应设置“应收账款”账户，借方登记增加数，贷方登记收回数及确认的坏账损失数，余额一般在借方，表示尚未收回的应收账款数。

应收账款具体的核算规范如表 5-3 所示。

表 5-3　应收账款核算规范

| 核算事项 | 核算规范 |
|---|---|
| 发生与收回 | ①企业发生应收账款时，按应收金额借记“应收账款”科目，按确认的营业收入，贷记“主营业务收入”等科目，按专用发票上注明的增值税额，贷记“应交税费——应交增值税（销项税额）”科目；收回应收账款时，借记“银行存款”科目，贷记“应收账款”科目<br>②企业替购货单位垫付的包装费、运杂费，借记“应收账款”科目，贷记“银行存款”等科目；收回代垫费用时，借记“银行存款”科目，贷记“应收账款”科目 |
| 计提坏账准备 | ①企业提取坏账准备时，借记“资产减值损失——坏账准备”科目，贷记“坏账准备”科目<br>②本期应计提坏账准备大于“坏账准备”科目贷方账面余额的，应按其差额提取；本期应提数小于“坏账准备”科目贷方账面余额的差额，冲减“资产减值损失”，借记“坏账准备”科目，贷记“资产减值损失——坏账准备”科目 |
| 确认坏账损失与已确认损失收回 | ①企业对于确实无法收回的应收款项，经批准作为坏账损失，冲销计提的坏账准备，借记“坏账准备”科目，贷记“应收账款”科目<br>②已确认并转销的坏账损失，如果以后又收回，按实际收回的金额，借记“应收账款”科目，贷记“坏账准备”科目；同时，借记“银行存款”科目，贷记“应收账款”等科目 |

（2）应收账款核算演练

## 演练 5-19：应收账款发生与收回的核算

2016 年 4 月 1 日，甲企业销售一批产品，收到产品价款为 8 000 元，增值税 1 360 元，并用银行存款代垫运杂费 500 元，款项尚未收到，编制的会计分录如下。

借：应收账款　　9 860
　　贷：主营业务收入　　8 000
　　　　应交税费——应交增值税（销项税额）　　1 360
　　　　银行存款　　500

2016 年 4 月 3 日，甲企业收到乙企业 2016 年 4 月 2 日开出的承兑期限为 6 个月，面值为 600 000 元无息商业承兑汇票，以清偿欠款。编制的会计分录如下。

借：应收票据——商业承兑汇票　　600 000
　　贷：应收账款　　600 000

## 演练 5-20：计提坏账准备的核算

2016 年 12 月 31 日，甲企业根据应收账款的余额，计提坏账准备 400 000 元。坏账准备本月科目贷方余额 300 000 元，当期应计提的坏账准备 100 000 元。编制的会计分录如下。

借：资产减值损失——坏账准备　　100 000
　　贷：坏账准备　　100 000

在上例中，甲企业坏账科目本月贷方余额若为 200 000 元，其差额 100 000 元，则应冲减当期资产减值损失。编制的会计分录如下。

借：坏账准备　　100 000
　　贷：资产减值损失——坏账准备　　100 000

## 演练 5-21：确认坏账损失与已确认损失收回的核算

2016 年 4 月 5 日，甲企业管理层批准，应收丙企业的账款 200 000 元因逾期而无法收回确认为坏账损失。编制的会计分录如下。

借：坏账准备　　200 000
　　贷：应收账款　　200 000

2016 年 5 月 25 日，甲企业收回丙企业转账支票一张，收回已转销坏账损失的应收账款 200 000元。编制的会计分录如下。

借：应收账款　　200 000
　　贷：坏账准备　　200 000
借：银行存款　　200 000
　　贷：应收账款　　200 000

### 5.2.3 预付账款核算规范与演练

（1）预付账款核算规范

预付账款是指企业按照购货合同规定，预付给供应单位的款项，以及预付工程款。企业规定的预付款项应单独设置“预付账款”科目进行核算。“预付账款”科目借方核算按合同固定预付或补付给供应单位的款项，以及预付工程款，贷方核算购入材料物资等应付的款额；期末余额在借方，反映企业实际预付的款项；期末如为贷方余额，反映企业尚未补付的款项。

预付账款具体的核算规范如表 5-4 所示。

**表 5-4 预付账款核算规范**

| 核算事项 | 核算规范 |
|---|---|
| 预付货款 | ①企业因购货而预付的货款，借记“预付账款”科目，贷记“银行存款”科目<br>②收到所购物资时，根据发票账单等列明应计入购入物资成本的金额，借记“材料采购”“原材料”“库存商品”等科目，按专用发票上注明的增值税额，借记“应交税费——应交增值税（进项税额）”科目，按应付金额，贷记“预付账款”科目<br>③补付的款项，借记“预付账款”科目，贷记“银行存款”科目<br>④退回多付的款项，借记“银行存款”，贷记“预付账款”科目 |
| 预付工程款 | ①企业进行在建工程预付的工程价款，借记“预付账款”科目，贷记“银行存款”等科目<br>②按工程进度结算工程价款，借记“在建工程”科目，贷记“预付账款”“银行存款”等科目 |

（2）预付账款核算演练

**演练 5-22：预付货款的核算**

2016 年 6 月 3 日，甲企业预付给乙企业的材料款 6 200 元，假设甲企业为一般纳税人，编制的会计分录如下。

借：预付账款——乙企业　　6 200
　贷：银行存款　　6 200

2016 年 6 月 6 日，甲企业收到所购材料，材料价款为 6 000 元，增值税为 1 020 元，编制的会计分录如下。

借：材料采购　　6 000
　应交税费——应交增值税（进项税额）　　1 020
　贷：预付账款——乙企业　　7 020

2016 年 6 月 9 日，甲企业补付给乙企业材料款 820 元，编制的会计分录如下。

借：预付账款——乙企业　　820
　贷：银行存款　　820

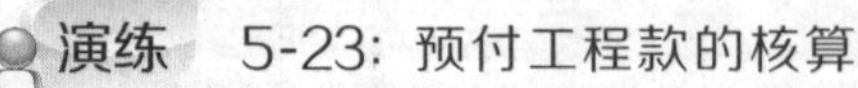

**演练 5-23：预付工程款的核算**

2016 年 6 月 12 日，甲企业某大型设备进行技术改造，按合同预付工程款 3 000 000 元。

编制的会计分录如下。

借：预付账款 30 000 000
　　贷：银行存款 30 000 000

### 5.2.4 应收利息核算规范与演练

（1）应收利息核算规范

应收利息是指企业所持有的交易性金融资产、持有至到期投资、可供出售金融资产等金融资产而应收取的利息。企业的应收利息应设置“应收利息”科目进行核算。“应收利息”科目借方核算企业交易性金融资产、持有至到期投资、可供出售金融资产等应收取的利息，贷方核算已收回的利息；期末余额在借方，反映企业尚未收回的利息。

应收利息核算的具体规范如表 5-5 所示。

**表 5-5 应收利息核算规范**

| 核算事项 | 核算规范 |
|---|---|
| 取得的应收利息 | ①企业取得的交易性金融资产，按支付的价款中所包含的、已到付息期但尚未领取的利息，借记“应收利息”科目；按交易性金融资产的公允价值，借记“交易性金融资产——成本”科目；按发生的交易费用，借记“投资收益”科目；按实际支付的金融，贷记“银行存款”等科目<br>②取得的持有至到期投资，应按该投资面值，借记“持有至到期投资——成本”科目；按支付的价款中包含的、已到付息期但尚未领取的利息，借记“应收利息”科目；按实际支付的金额，贷记“银行存款”等科目，按其差额，借记或贷记“持有至到期投资——利息调整”科目 |
| 实际收到的利息 | 企业应收利息实际收到时，借记“银行存款”科目，贷记“应收利息”科目 |

（2）应收利息核素演练

**演练 5-24：取得应收利息的核算**

2016 年 1 月 1 日，甲企业通过购入 3 年期债券取得对丁企业持有至到期投资，该债券投资按年付息、到期还本，2016 年 12 月 31 日按面值和票面利率计算确定的应收未收的利息金额为 300 000 元，按摊余成本和实际利率计算确定的利息收入金额为 200 000 元。编制的会计分录如下。

借：应收利息 300 000
　　贷：投资收益——持有至到期投资 200 000
　　　　持有至到期投资——利息调整 100 000

**演练 5-25：实际收到利息的核算**

2016 年 1 月 10 日，甲企业收到上述丁企业债券利息 300 000 元。编制的会计分录如下。

借：银行存款 300 000
　　贷：应收利息 300 000

### 5.2.5 其他应收款核算规范与演练

（1）其他应收款的核算规范

其他应收款，是指企业除应收票据、应收账款、预付账款、应收股利、应收利息、长期应收款、存出保证金等经营活动以外的其他各种应收、暂付的款项。

其他应收款各项业务的核算规范如表 5-6 所示。

表 5-6　其他应收款的核算规范

| 核算事项 | 核算规范 |
| --- | --- |
| 发生与收回 | ①采用售后回购方式融出资金的，应按实际支付的金额，借记“其他应收款”科目，贷记“银行存款”科目。销售价格与原购买价格之间的差额，应在售后回购期间内按期计提利息费用，借记“其他应收款”科目，贷记“财务费用”科目。按合同约定返售商品时，应按实际收到的金额，借记“银行存款”科目，贷记“其他应收款”科目<br>②企业发生其他各种应收、暂付款项时，借记“其他应收款”科目，贷记“银行存款”“固定资产清理”等科目；收回或转销各种款项时，借记“库存现金”“银行存款”等科目，贷记“其他应收款”科目<br>③企业员工出差预借差旅费，借记“其他应收款”科目，贷记“银行存款”科目，公出归来按规定报销的差旅费，借记“管理费用”科目，贷记“其他应收款”科目，收回的现金，借记“库存现金”科目，贷记“其他应收款”科目。若实际报销的差旅费多余预借款项时，应按补付的现金，贷记“库存现金”科目 |
| 确认的坏账损失与重新收回 | 经批准作为坏账损失的其他应收款，应借记“坏账准备”科目，贷记“其他应收款”科目。如果以后又收回，按实际收回的金额，借记“其他应收款”科目，贷记“坏账准备”科目；同时，借记“银行存款”科目，贷记“其他应收款”科目 |

（2）其他应收款的核算演练

**演练　5-26：其他应收款发生与收回的核算**

2016 年 6 月 13 日，甲企业为方便销售部门的日常业务需要，特设立部门备用金，用银行存款支付备用金 5 000 元，编制的会计分录如下。

借：其他应收款——销售部门　　5 000
　　贷：银行存款　　5 000

2016 年 6 月 15 日，甲企业的员工丁因出差预借差旅费 1 500 元，款项以银行存款支付，编制的会计分录如下。

借：其他应收款——差旅费　　1 500
　　贷：银行存款　　1 500

2016 年 6 月 17 日，甲企业的员工乙交来罚款 500 元，编制的会计分录如下。

借：库存现金　　500
　　贷：其他应收款　　500

**演练　5-27：其他应收款确认的坏账损失与重新收回的核算**

2016 年 6 月 18 日，甲企业应收××公司出租包装物的租金 4 000 元，因××公司破产无法收回，确认坏账损失。编制的会计分录如下。

借：坏账准备　　4 000
　　贷：其他应收款　　4 000

2016 年 6 月 20 日，甲企业重新收回已确认坏账损失的存入××公司的保证金 10 000 元。编制的会计分录如下。

借：其他应收款　　10 000
　　贷：坏账准备　　10 000
借：银行存款　　10 000
　　贷：其他应收款　　10 000

## 5.3 企业存货核算规范与演练

### 5.3.1 原材料核算规范与演练

（1）原材料的核算规范

“原材料”科目借方核算企业增加的各种材料的实际成本；贷方核算减少的原材料的实际成本。期末余额在借方，反映企业库存原材料的实际成本。

原材料有关业务的核算规范如表 5-7 所示。

表 5-7 原材料有关业务的核算规范

| 核算事项 | 核算规范 |
| --- | --- |
| 外购材料物资 | ①企业购入材料、商品，按应计入材料、商品采购成本的金额，借记“在途物资”科目，按实际支付或应支付的金额，贷记“银行存款”“应付账款”“应付票据”等科目。涉及增值税进项税额的，还应进行相应的处理<br>②所购材料、商品到达验收入库，借记“原材料”“库存商品”等科目，贷记“在途物资”科目 |
| 投资者投入的原材料 | 投资者投入的原材料，按确认的实际成本，借记“原材料”科目，按专用发票上注明的增值税额，借记“应交税费——应交增值税(进项税额)”，按照投资合同或协议确认的价值加上投入材料的进项税额，贷记“实收资本(或股本)”科目。若投资者投入原材料的价值超过协议出资额的部分，贷记“资本公积”科目 |
| 自制原材料 | 企业自制完成并已验收入库的原材料，按实际成本，借记“原材料”科目，贷记“生产成本”等科目 |
| 领用原材料 | ①生产经营领用原材料，按实际成本，借记“生产成本”“制造费用”“销售费用”“管理费用”等科目，贷记“原材料”科目<br>②发出委托外单位加工的材料，借记“委托加工物资”科目，贷记“原材料”科目<br>③在建工程、福利部门等领用的原材料，按实际成本加上不予抵扣的增值税额等，借记“在建工程”等科目，按实际成本，贷记“原材料”科目，按不予抵扣的增值税额，贷记“应交税费——应交增值税(进项税额转出)”等科目 |
| 出售原材料 | ①出售原材料时，按已收或应收的款项，借记“银行存款”或“应收账款”等科目，贷记“其他业务收入”科目，按应交的增值税额，贷记“应交税费——应交增值税(销项税额)”科目<br>②月度终了，按出售原材料的实际成本，借记“其他业务成本”科目，贷记“原材料”科目 |
| 在建工程完工后剩余物资转为原材料 | 在建工程完工后剩余物资转为原材料时，应按实际成本借记“原材料”科目，按包含在工程物资实际成本中的进项税额，借记“应交税费——应交增值税(进项税额)”科目，按工程物资的实际成本，贷记“工程物资”科目 |

（2）原材料的核算演练

### 演练 5-28：外购材料物资的核算

2016 年 6 月 21 日，甲企业购入一批原材料 3 000 元，增值税为 510 元，款项已通过银行支付，编制的会计分录如下。

借：原材料　　3 000
　　应交税费——应交增值税（进项税额）　　510
　　贷：银行存款　　3 510

### 演练 5-29：投资者投入原材料的核算

2016 年 6 月 23 日，甲企业接受丁公司投入的原材料，投资各方协议确认的投资者投入原材料价值为 300 000 元，专用发票上注明的增值税额为 51 000 元，假定投资协议约定的价值是公允的。甲企业协议的出资额 260 000 元，该批原材料已验收入库。编制的会计分录如下。

借：原材料——材料　　300 000
　　应交税费——应交增值税（进项税额）　　51 000
　　贷：实收资本——法人资本　　260 000
　　　　资本公积——资本溢价　　91 000

### 演练 5-30：自制原材料的核算

2016 年 6 月 25 日，甲企业收到相关部门转来的自制原材料结算单 300 000 元。编制的会计分录如下。

借：原材料——材料　　300 000
　　贷：生产成本——基本生产成本　　300 000

### 演练 5-31：领用原材料的核算

2016 年 6 月 27 日，甲企业生产领用一批原材料 10 000 元，编制的会计分录如下。

借：生产成本　　10 000
　　贷：原材料　　10 000

### 演练 5-32：出售原材料的核算

2016 年 6 月 28 日，甲企业出售不需用的原材料一批，售价 100 000 元，专用发票上注明的增值税 17 000 元，该批原材料的实际成本为 120 000 元，款项已全部收到存入银行。编制的会计分录如下。

借：银行存款　117 000
　　贷：其他业务收入——材料销售　100 000
　　　　应交税费——应交增值税（销项税额）　17 000
借：其他业务成本——材料销售　120 000
　　贷：原材料　120 000

**演练 5-33：在建工程完工后剩余物资转为原材料的核算**

2016 年 6 月 30 日，甲企业锅炉改造工程完工，剩余的钢管转为生产用的原材料，该批钢管的实际成本为 23 400，其中进项税额 3 400 元，已验收入库。编制的会计分录如下。

借：原材料——材料　20 000
　　应交税费——应交增值税（进项税额）　3 400
　　贷：工程物资——专用材料　23 400

### 5.3.2 库存商品核算规范与演练

（1）库存商品的核算规范

库存商品是指企业生产、外购或委托加工完成验收入库用于销售的各种商品。“库存商品”科目借方核算企业增加的库存商品的实际成本；贷方核算企业减少的库存商品的实际成本；期末余额在借方，反映企业库存商品的实际成本。

库存商品有关业务的核算规范如表 5-8 所示。

**表 5-8　库存商品有关业务的核算规范**

| 核算事项 | 核算规范 |
| --- | --- |
| 制造企业库存商品的收入与发出 | ①企业生产完成验收入库的产成品，按实际成本，借记“库存商品”科目，贷记“生产成本”等科目<br>②对外销售产成品，结转销售成本时，借记“主营业务成本”科目，贷记“库存商品”科目；按供货合同发给客户的产成品、不符合收入确认条件的已发出商品以及企业委托其他单位代销的产品，按实际成本借记“发出商品”科目，贷记“库存商品”科目 |
| 商品流通企业库存商品的收入与发出 | ①购入商品采用进价核算的，在商品到达并验收入库后，按商品进价，借记“库存商品”科目，贷记“银行存款”“在途物资”等科目。委托外单位加工收回的商品，按商品进价，借记“库存商品“科目，贷记“委托加工物资”科目<br>②购入材料采用售价核算的，在商品到达并验收入库后，按商品售价，借记“库存商品”科目，按商品进价，贷记“银行存款”“在途物资”等科目，按商品售价与进价的差额，贷记“商品进销差价”科目。委托外单位加工收回的商品，按商品售价，借记“库存商品”科目，按委托加工商品的账面余额，贷记“委托加工物资”科目，按商品售价与进价的差额，贷记“商品进销差价”科目<br>③对外销售商品，结转销售成本时，借记“主营业务成本”科目，贷记“库存商品”科目。采用进价进行商品日常核算的，发出商品的实际成本，可以采用先进先出法、加权平均法或个别认定法计算确定。采用售价核算的，还应结转应分摊的商品进销差价 |
| 在建工程领用库存商品 | 在建工程领用库存商品，应按库存商品的实际成本与售价计算的销项税额，借记“在建工程”科目，按领用库存商品的实际成本，贷记“库存商品”科目，按商品售价计算的销项税额，贷记“应交税费——应交增值税（销项税额）”科目 |

（2）库存商品的核算演练

① 企业库存商品收入与发出的核算演练。

### 演练 5-34：企业生产完成验收入库产成品的核算

2016 年 5 月 31 日，甲企业对本月生产完成的产成品按实际成本 800 000 元验收入库。编制的会计分录如下。

| 会计分录 | 借方 | 贷方 |
| --- | --- | --- |
| 借：库存商品 | 800 000 | |
| 　　贷：生产成本——基本生产成本 | | 800 000 |

### 5-35：企业销售产品结转销售成本的核算

2016 年 6 月 2 日，甲企业发出已订销售合同的商品，按移动加权平均法计算、结转已确认收入的发出商品的实际成本 490 000 元。编制的会计分录如下。

| 会计分录 | 借方 | 贷方 |
| --- | --- | --- |
| 借：主营业务成本——商品销售成本 | 490 000 | |
| 　　贷：库存商品 | | 490 000 |

② 商品流通企业库存商品收入与发出的核算演练。

### 演练 5-36：采用进价核算购入商品

2016 年 6 月 9 日，甲企业购进一批产品，价款为 30 000 元，增值税为 5 100 元，款项以银行存款支付，商品已全部验收入库。编制的会计分录如下。

| 会计分录 | 借方 | 贷方 |
| --- | --- | --- |
| 借：库存商品 | 30 000 | |
| 　　应交税费——应交增值税（进项税额） | 5 100 | |
| 　　贷：银行存款 | | 35 100 |

### 5-37：对外销售商品结转销售成本的核算

承演练 5-36，同时结转销售成本 20 000 元。编制的会计分录如下。

| 会计分录 | 借方 | 贷方 |
| --- | --- | --- |
| 借：主营业务成本 | 20 000 | |
| 　　贷：库存商品 | | 20 000 |

③ 在建工程领用库存商品的核算演练。

### 5-38：在建工程领用库存商品的核算

2016 年 6 月 16 日，甲企业自营设备的技术改造工程领用公司的库存商品一批，成本 10 000元，计税价格 12 000 元。编制的会计分录如下。

| 会计分录 | 借方 | 贷方 |
| --- | --- | --- |
| 借：在建工程——技术改造工程 | 12 040 | |
| 　　贷：库存商品 | | 10 000 |
| 　　　　应交税费——应交增值税（销项税额） | | 2 040 |

### 5.3.3 委托加工物资核算规范与演练

(1) 委托加工物资的核算规范

委托加工物资是指企业通过支付加工费的方式委托其他单位进行加工生产的物质。“委托加工物资”科目借方核算企业委托外单位加工各种物资的实际成本，包括发给受托单位加工材料物资的实际成本，支付的加工费用、运杂费和应计入委托加工物资成本的税金等；贷方核算收回的委托外单位加工各种物资和剩余物资的实际成本；期末余额在借方，反映企业委托外单位加工但尚未加工完成物资的实际成本。

委托加工物资有关业务的核算规范如表 5-9 所示。

**表 5-9 委托加工物资有关业务的核算规范**

| 核算事项 | 核算规范 |
|---|---|
| 发出委托加工物资与支付加工费用 | ①发出外单位加工的物资，按实际成本，借记“委托加工物资”科目，贷记“原材料”“库存商品”等科目<br>②按支付加工费用、应负担的运杂费等，借记“委托加工物资”科目，贷记“银行存款”等科目；需要缴纳消费税的委托加工物资，由受托方代收代交的消费税，借记“委托加工物资”科目，贷记“应付账款”“银行存款”等科目；借记“应交税费——应交消费税”科目，贷记“应付账款”“银行存款”等科目 |
| 收回委托加工物资 | 加工完成并验收入库的物资和剩余的物资，按加工收回物资的实际成本和剩余物资的实际成本，借记“原材料”“库存商品”等科目，贷记“委托加工物资”科目 |

(2) 委托加工物资的核算演练

#### 演练 5-39：发出委托加工物资与支付加工费用的核算

2016 年 6 月 18 日，甲企业委托丁企业加工一批原材料，该批原材料的实际成本为 50 000元。编制的会计分录如下。

借：委托加工物资　　50 000
　　贷：原材料　　50 000

2016 年 6 月 29 日，甲企业支付给丁企业加工费 8 000 元，专用发票上注明的增值税额为 1 360 元。编制的会计分录如下。

借：委托加工物资　　8 000
　　应交税费——应交增值税（进项税额）　　1 360
　　贷：银行存款　　9 360

#### 演练 5-40：收回委托加工物资的核算

承演练 5-39，2016 年 6 月 30 日，甲企业收回加工物资并验收入库，编制的会计分录如下。

借：原材料　　59 360
　　贷：委托加工物资　　59 360

### 5.3.4 存货清查核算规范与演练

（1）存货清查的核算规范

由于存货属于流动资产，因此，存货清查的核算应通过“待处理流动资产损益”明细科目进行。企业的财产损益，应查明原因，在期末结账前处理完毕，处理后本科目应无余额。存货清查具体的核算规范如表5-10所示。

表5-10 存货清查的核算规范

| 核算事项 | 核算规范 |
| --- | --- |
| 盘盈、盘亏、毁损的存货 | ①盘盈的存货应按其重置成本作为入账价值。按管理权限报经批准后冲减当期管理费用<br>②盘盈的各种材料、产成品、库存商品等存货，借记“原材料”“库存商品”等科目，贷记“待处理财产损益——待处理流动资产损益”科目<br>③盘亏、毁损的各种材料、产成品、商品等存货，借记“待处理财产损益——待处理流动资产损益”科目，贷记“原材料”“库存商品”等科目。材料、产成品、商品采用计划成本（或售价）核算的，还应同时结转成本差异（或商品进销差价）。涉及增值税的，应借记“应交税费——应交增值税（进项税额转出）”科目 |
| 盘盈、盘亏、毁损的存货经批准后处理 | ①盘盈的存货，借记“待处理财产损益——待处理流动资产损益”科目，贷记“管理费用”科目<br>②存货发生的盘亏或毁损，应作为待处理财产损益进行核算。按管理权限报经批准后，根据造成存货盘亏或毁损的原因，分别以下情况进行处理：<br>a. 属于计量收发差错和管理不善等原因造成的存货短缺，应先扣除残料价值、可以收回的保险赔偿和过失人赔偿，将净损失计入“管理费用”<br>b. 属于自然灾害等非常原因造成的存货毁损，应先扣除处置收入（如残料价值）、可以收回的保险赔偿和过失人赔偿，将净损失计入“营业外支出”<br>③盘亏、毁损的存货，按管理权限报经批准后处理时，按残料价值，借记“原材料”等科目，按可收回的保险赔偿或过失人赔偿，借记“其他应收款”科目，按“待处理财产损溢——待处理流动资产损溢”科目余额，贷记“待处理财产损溢——待处理流动资产损溢”科目，按其借方差额，属于管理原因造成的，借记“管理费用”科目，属于非正常损失的，借记“营业外支出——非常损失”科目 |

（2）存货清查的核算演练

**演练 5-41：盘盈、盘亏、毁损存货的核算**

2016年12月23日，甲企业对库存原材料进行全面盘点，列出“库存材料盘盈、盘亏明细表”，盘盈的材料按确定的实际成本5 400元入账，盘亏材料的实际成本为4 500元。编制的会计分录如下。

| 会计分录 | 借方 | 贷方 |
| --- | --- | --- |
| 借：原材料 | 5 400 | |
| 贷：待处理财产损益——待处理流动资产损益 | | 5 400 |
| 借：待处理财产损益——待处理流动资产损益 | 4 500 | |
| 贷：原材料 | | 4 500 |

**演练 5-42：盘盈、盘亏、毁损的存货经批准后处理的核算**

承演练5-41，2016年12月31日，甲企业按规定管理权限报经批准，对盘盈材料5 400元冲减管理费用。编制的会计分录如下。

借：待处理财产损益——待处理流动资产损益 5 400
　　贷：管理费用——存货盘盈 5 400

承演练 5-41，对盘亏材料 4 500 元，经查属于管理方面的原因，按规定的管理权限报经批准进行处理。编制的会计分录如下。

借：管理费用——存货盘亏 4 500
　　贷：待处理财产损益——待处理流动资产损益 4 500

## 5.4 固定资产核算规范与演练

### 5.4.1 固定资产增加核算规范与演练

（1）固定资产增加的核算规范

企业固定资产的增加形式包括购入和自行建造。具体的核算规范如表 5-11 所示。

**表 5-11 固定资产增加的核算规范**

| 核算事项 | 核算规范 |
|---|---|
| 购入固定资产 | ①企业购入不需要安装的固定资产，按应计入固定资产成本的金额，借记“固定资产”科目，贷记“银行存款”等科目<br>②购入需要安装的固定资产，先记入“在建工程”科目，达到预定可使用状态时再转入“固定资产”科目 |
| 自行建造固定资产 | ①自行建造达到预定可使用状态的固定资产，借记“固定资产”科目，贷记“在建工程”科目<br>②已达到预定可使用状态、但尚未办理竣工决算手续的固定资产，应按估计价值入账，待确定实际成本后再进行调整 |

（2）固定资产增加的核算演练

**演练 5-43：企业购入固定资产的核算**

2016 年 9 月 18 日，甲企业购入无需安装的设备一台，价税合计为 117 000 元，运杂费为 600 元，款项已支付，编制的会计分录如下。

借：固定资产 100 600
　　应交税费——应交增值税（进项税额） 17 000
　　贷：银行存款 117 600

**演练 5-44：自行建造固定资产的核算**

2016 年 10 月 11 日，甲企业新建的仓库一栋，工程决算已经审核，总价值 190 000 元，经验收合格转作固定资产。编制的会计分录如下。

借：固定资产 190 000
　　贷：在建工程——建筑工程 190 000

### 5.4.2 固定资产减少核算规范与演练

（1）固定资产减少的核算规范

固定资产的减少方式一般包括报废、捐赠、无偿调出、出售、对外投资等，核算这些事项都需要通过“固定资产清理”科目进行，具体的核算规范如表5-12所示。

**表5-12 固定资产减少的核算规范**

| 核算事项 | 核算规范 |
| --- | --- |
| 固定资产报废 | ①报废的固定资产应由使用部门提出报废申请，经技术鉴定后，按审批权限报批，批准报废的固定资产转入固定资产清理，借记“固定资产清理”“累计折旧”“固定资产减值准备”等科目，贷记“固定资产”科目<br>②发生清理费用，借记“固定资产清理”科目，贷记“银行存款”“原材料”等科目<br>③清理发生变价收入，借记“原材料”等科目，贷记“固定资产清理”科目，发生清理的净收益，借记“固定资产清理”科目，贷记“营业外收入——处置非流动资产利得”科目；如发生固定资产清理损失，应借记“营业外支出——处置非流动资产损失”科目，贷记“固定资产清理”科目 |
| 固定资产捐赠 | ①捐赠的固定资产按审批权限报批，批准捐赠的固定资产转入固定资产清理，借记“固定资产清理”“累计折旧”“固定资产减值准备”等科目，贷记“固定资产”科目，发生应支付的相关税费，借记“固定资产清理”科目，贷记“银行存款”等科目<br>②捐赠资产交接完成后结转固定资产清理，借记“营业外支出——捐赠支出”科目，贷记“固定资产清理”科目 |
| 固定资产无偿调出 | ①调出的固定资产按审批权限报批，批准调出的固定资产转入固定资产清理，借记“固定资产清理”“累计折旧”“固定资产减值准备”等科目，贷记“固定资产”科目<br>②发生清理费用，借记“固定资产清理”科目，贷记“银行存款”“原材料”等科目<br>③调入单位接受资产后，结转“固定资产清理”科目余额，借记“资本公积——其他资本公积”科目，贷记“固定资产清理”科目 |
| 固定资产出售 | ①固定资产出售按审批权限审批后，借记“固定资产清理”“累计折旧”“固定资产减值准备”等科目，贷记“固定资产”科目<br>②收到出售价款，借记“银行存款”科目，贷记“固定资产清理”科目<br>③结转固定资产清理科目，若为净收益借记“固定资产清理”科目，贷记“营业外收入——处置非流动资产利得”科目；若为净损失，借记“营业外支出——处置非流动资产损失”科目，贷记“固定资产清理”科目 |
| 固定资产对外投资 | ①投资转出固定资产，首先按照转出的固定资产净值，借记“固定资产清理”科目，按转出固定资产已提折旧，借记“累计折旧”科目，按该项固定资产已计提的减值准备，借记“固定资产减值准备”等科目，按投出固定资产的账面原价，贷记“固定资产”科目，按应支付的相关税费，贷记“银行存款”“应交税费”等科目<br>②按照投出固定资产的公允价值，借记“长期股权投资”，按转出的固定资产净值贷记“固定资产清理”科目，按照投出固定资产确认的清理损失，借记“营业外支出——处置非流动资产损失”科目，按确认的清理收益，贷记“营业外收入——处置非流动资产利得” |

（2）固定资产减少的核算演练

**演练 5-45：固定资产报废的核算**

2016年9月20日，甲企业将一台使用期满的设备报废，该设备账面价值为120 000元，累计已提折旧80 000元，未提减值准备。9月23日，支付清理费用6 000元，9月26日，设备处置后取得收入12 000元，款项已存入银行。处置设备时，编制的会计分录如下。

借：固定资产清理　　40 000
　　累计折旧　　80 000
　　贷：固定资产　　120 000

支付清理费用时，编制的会计分录如下。

| | 借方 | 贷方 |
|---|---|---|
| 借：固定资产清理 | 6 000 | |
| 　　贷：银行存款 | | 6 000 |

收到出售固定资产的价款时，编制的会计分录如下。

| | 借方 | 贷方 |
|---|---|---|
| 借：银行存款 | 12 000 | |
| 　　贷：固定资产清理 | | 12 000 |

结转固定资产清理损失，编制的会计分录如下。

| | 借方 | 贷方 |
|---|---|---|
| 借：营业外支出——处置非流动资产损失 | 34 000 | |
| 　　贷：固定资产清理 | | 34 000 |

### 演练 5-46：固定资产捐赠的核算

2016 年 9 月 26 日，甲企业捐赠社会福利院解放卡车一辆，该项固定资产原值 60 000 元，已提折旧 20 000 元，已提减值准备 5 000 元。编制的会计分录如下。

| | 借方 | 贷方 |
|---|---|---|
| 借：固定资产清理 | 35 000 | |
| 　　累计折旧 | 20 000 | |
| 　　固定资产减值准备 | 5 000 | |
| 　　贷：固定资产 | | 60 000 |

### 演练 5-47：固定资产无偿调出的核算

2016 年 9 月 30 日，甲企业领导决定将无偿调拨给乙公司计算机一台，该项资产原值 10 000元，已提折旧 7 000 元，未提减值准备。

无偿调拨计算机转作清理时，编制的会计分录如下。

| | 借方 | 贷方 |
|---|---|---|
| 借：固定资产清理 | 3 000 | |
| 　　累计折旧 | 7 000 | |
| 　　贷：固定资产 | | 10 000 |

结转清理损失时，编制的会计分录如下。

| | 借方 | 贷方 |
|---|---|---|
| 借：资本公积——其他资本公积 | 3 000 | |
| 　　贷：固定资产清理 | | 3 000 |

### 演练 5-48：固定资产出售的核算

2016 年 10 月 9 日，甲企业出售 A 设备一台，该设备原值 400 000 元，已提折旧250 000 元，未提减值准备，收到出售款 180 000 元存入银行。

出售设备转作清理，编制的会计分录如下。

| | | |
|---|---|---|
| 借：固定资产清理 | 150 000 | |
| 　　累计折旧 | 250 000 | |
| 　　贷：固定资产 | | 400 000 |

收到款项时，编制的会计分录如下。

| | | |
|---|---|---|
| 借：银行存款 | 180 000 | |
| 　　贷：固定资产清理 | | 180 000 |

结转净收益时，编制的会计分录如下。

| | | |
|---|---|---|
| 借：固定资产清理 | 30 000 | |
| 　　贷：营业外收入——处置非流动资产利得 | | 30 000 |

**演练　5-49：固定资产对外投资的核算**

2016 年 10 月 11 日，甲企业同丁公司签订合用，将一台设备作为对丁公司长期股权投资。对该投资单位按照成本法核算，该资产原值 200 000 元，已提折旧 70 000 元，未提取减值准备，支付清理费用 4 000 元，该设备的公允价值为 170 000 元。编制的会计分录如下。

| | | |
|---|---|---|
| 借：固定资产清理 | 130 000 | |
| 　　累计折旧 | 70 000 | |
| 　　贷：固定资产 | | 200 000 |
| 借：固定资产清理 | 4 000 | |
| 　　贷：银行存款 | | 4 000 |
| 借：产期股权投资——其他股权投资 | 170 000 | |
| 　　贷：固定资产清理 | | 134 000 |
| 　　　　营业外收入——处置非流动资产利得 | | 36 000 |

### 5.4.3　固定资产折旧核算规范与演练

（1）固定资产折旧的核算规范

企业应当根据与固定资产有关的经济利益的预期实现方式，合理选择折旧方法。可选用的折旧方法包括年限平均法、工作量法、双倍余额递减法和年数总和法等。其中，双倍余额递减法和年数总和法是加速折旧法。固定资产的折旧方法一经确定，不得随意变更。

固定资产的折旧方法及计算公式如表 5-13 所示。

**表 5-13　固定资产的折旧方法及计算公式**

| 折旧方法 | 计算公式 |
|---|---|
| 年限平均法 | 年折旧率=(1－预计净残值率)/预计使用年限(年)×100%<br>月折旧率=年折旧率/12<br>月折旧额=固定资产原价×月折旧率 |
| 工作量法 | 单位工作量折旧额=固定资产原价×(1－预计净残值率)/预计总工作量<br>某项固定资产月折旧额=该项固定资产当月工作量×单位工作量折旧额 |

续表

| 折旧方法 | 计算公式 |
| --- | --- |
| 双倍余额递减法 | 年折旧率＝2/预计使用寿命（年）×100％ |
| 年数总和法 | 年折旧率＝尚可使用寿命÷预计使用年限的年数总和×100％<br>预计使用年限的年数总和计算公式＝$n\times(n+1)/2$ |

结合上表，企业应当按月计提固定资产折旧，当月增加的固定资产，当月不计提折旧，从下月起计提折旧；当月减少的固定资产，当月仍计提折旧，从下月起不计提折旧。企业按规定计提固定资产折旧时，借记“制造费用”“管理费用”等科目，贷记“累计折旧”科目。

（2）固定资产折旧的核算演练

**演练 5-50：固定资产折旧的核算**

2016 年 1 月 31 日，甲企业计提当月折旧，固定资产折旧计算见表 5-14 所示。

**表 5-14 固定资产折旧计算表**

| 使用部门 | 固定资产类别 | 月分类折旧率 | 月初计提折旧原值 | 本月折旧额 |
| --- | --- | --- | --- | --- |
| 生产车间 | 仓库<br>设备 | 0.36％<br>0.5％ | 6 000 000<br>110 000 000 | 21 600<br>550 000 |
| | 小计 | | 116 000 000 | 571 600 |
| 管理部门 | 办公楼 | 0.25％ | 3 000 000 | 7 500 |
| | 小计 | | 3 000 000 | 7 500 |
| | 合计 | | 119 000 000 | 579 100 |

借：生产成本 571 600
　　管理费用——折旧费用 7 500
　　贷：累计折旧 579 100

## 5.4.4 固定资产盘盈或盘亏核算规范与演练

（1）固定资产盘盈或盘亏的核算规范

固定资产盘盈或盘亏的核算规范，如表 5-15 所示。

**表 5-15 固定资产盘盈或盘亏的核算规范**

| 核算事项 | 核算规范 |
| --- | --- |
| 盘盈 | 盘盈的固定资产，应作为前期差错记入“以前年度损益调整”科目，借记“固定资产”科目，贷记“以前年度损益调整”科目 |
| 盘亏 | 固定资产盘亏按审批权限报批，借记“待处理财产损益——待处理非流动资产损益”“累计折旧”“固定资产减值准备”等科目，贷记“固定资产”科目。经批准后，借记“营业外支出——固定资产盘亏”科目，贷记“待处理财产损益——待处理非流动资产损益”科目 |

（2）固定资产盘盈或盘亏的核算演练

**演练 5-51：固定资产盘盈的核算**

2016年年底，甲企业在财产清查中盘盈固定资产运输设备一辆，其重置完全价值为50 000元，估计折旧16 000元，企业所得税税率为25%。编制的会计分录如下。

借：固定资产　　34 000
　　贷：以前年度损益调整　　34 000
借：以前年度损益调整　　8 500
　　贷：递延所得税负债　　8 500

**演练 5-52：固定资产盘亏的核算**

2016年年底，甲企业在财产清查中盘亏一台电脑，该电脑的账面价值为4 500元，已提折旧3 000元，未提减值准备，盘亏原因未查实，编制的会计分录如下。

借：待处理财产损益——待处理非流动资产损益　　1 500
　　累计折旧　　3 000
　　贷：固定资产　　4 500

# 5.5 无形资产核算规范与演练

## 5.5.1 无形资产取得核算规范与演练

（1）无形资产取得的核算规范

无形资产的取得方式一般有外购、投资者投入、自行开发等。其具体的核算规范如表5-16所示。

**表5-16　无形资产取得的核算规范**

| 核算事项 | 核算规范 |
| --- | --- |
| 外购无形资产 | ①企业外购的无形资产，按应计入无形资产成本的金额，借记“无形资产”科目，贷记“银行存款”等科目<br>②购入无形资产超过正常信用条件延期支付价款，实质上具有融资性质的，应按所购无形资产购买价款的现值，借记“无形资产”科目，按应支付的金额，贷记“长期应付款”科目，按其差额，借记“未确认融资费用”科目 |
| 投资者投入无形资产 | 投资者投入的无形资产，按照投资合同或协议约定的价值，借记“无形资产”科目，贷记“股本”或“实收资本”等科目 |
| 自行开发无形资产 | ①企业自行开发无形资产发生的研发支出，不满足资本化条件的，借记“研发支出”科目，满足资本化条件的，借记“研发支出”科目，贷记“原材料”“银行存款”“应付职工薪酬”等科目<br>②研究开发项目达到预定用途形成无形资产的，应按“研发支出”科目的余额，借记“无形资产”科目，贷记“研发支出”科目<br>③期末，应将“研发支出”科目归集的费用化支出金额转入“管理费用”科目，借记“管理费用”科目，贷记“研发支出”科目 |

（2）无形资产取得的核算演练

### 演练 5-53：外购无形资产的核算

2016 年 1 月 25 日，甲企业从乙企业购入一项专利权，价款为 140 000，以银行存款支付。编制的会计分录如下。

| 科目 | 借方 | 贷方 |
|---|---|---|
| 借：无形资产——专利权 | 140 000 | |
| 贷：银行存款 | | 140 000 |

### 演练 5-54：投资者投入无形资产的核算

2016 年 1 月 27 日，甲企业接受××科技公司以其所拥有的专利权作为出资，双方协议约定的价值为 3 000 000 元，按照市场情况估计其公允价值为 2 700 000 元。已经办妥相关手续。编制的会计分录如下。

| 科目 | 借方 | 贷方 |
|---|---|---|
| 借：无形资产 | 2 700 000 | |
| 资本公积 | 300 000 | |
| 贷：实收资本 | | 3 000 000 |

### 演练 5-55：自行开发无形资产的核算

2016 年 2 月 1 日，甲企业自行研发一项新技术，在研发过程中共发生全部费用 175 000 元，其中包括支付材料费 60 000 元，人工费 80 000 元以及支付其他费用 35 000 元。其中，符合资本化条件的支出为 90 000 元，最终完成新技术的研发并达到预定使用状态。

2 月 1 日，发生研发支出时，编制的会计分录如下。

| 科目 | 借方 | 贷方 |
|---|---|---|
| 借：研发支出——费用化支出 | 85 000 | |
| 　　　　　　资本化支出 | 90 000 | |
| 贷：原材料 | | 60 000 |
| 　　应付职工薪酬 | | 80 000 |
| 　　银行存款 | | 35 000 |

开发结束形成无形资产时，编制的会计分录如下。

| 科目 | 借方 | 贷方 |
|---|---|---|
| 借：无形资产 | 90 000 | |
| 贷：研发支出——资本化支出 | | 90 000 |

期末，结转费用化支出时，编制会计分录如下。

| 科目 | 借方 | 贷方 |
|---|---|---|
| 借：管理费用 | 85 000 | |
| 贷：研发支出——费用化支出 | | 85 000 |

## 5.5.2 无形资产摊销核算规范与演练

（1）无形资产摊销的核算规范

企业应按期（月）计提无形资产的摊销，借记“管理费用”“其他业务成本”等科目，贷记“累计摊销”科目。

（2）无形资产摊销的核算演练

2016 年 3 月 1 日，甲企业从××科技公司购入一项专利权，价格为 2 400 000 元，发生相关费用 50 000 元，款项以银行存款支付，预计使用年限为 10 年。

3 月 31 日，该无形资产应摊销，编制的会计分录如下。

该专利权每月摊销额＝2 400 000÷10÷12＝20 000(元)

借：管理费用——无形资产摊销　　20 000
　　贷：累计摊销　　20 000

### 5.5.3　无形资产减值核算规范与演练

（1）无形资产减值的核算规范

资产负债表日，无形资产发生减值的，按应减记的金额借记“资产减值损失”科目，贷记“无形资产减值准备”科目。

（2）无形资产减值的核算演练

**演练　5-56：无形资产减值的核算**

2016 年 3 月 1 日，甲企业从丙公司购入的一项专利权在 2016 年年末的摊余价值为 1 302 500元，由于与该专利权相关的经济因素发生了不利变化，致使该专利权发生了减值。估计该专利权在 2016 年年末的可收回金额为 1 200 000 元，该项专利权在此之前未提减值准备。编制的会计分录如下。

借：资产减值损失——无形资产减值准备　　102 500
　　贷：无形资产减值准备　　102 500

### 5.5.4　无形资产处置核算规范与演练

（1）无形资产处置的核算规范

无形资产的处置，主要是指无形资产对外出租、出售、对外捐赠，或者是无法为企业带来未来经济利益时，应予转销并终止确认。

无形资产处置的核算规范如表 5-17 所示。

**表 5-17　无形资产处置的核算规范**

| 核算事项 | 核算规范 |
| --- | --- |
| 出售 | 出售无形资产，应按实际收到的金额等，借记“银行存款”等科目，按已计提的累计摊销，借记“累计摊销”科目，按应支付的相关税费及其他费用，贷记“应交税费”“银行存款”等科目，按其账面余额，贷记“无形资产”科目，按其差额，贷记“营业外收入——处置非流动资产利得”科目或借记“营业外支出——处置非流动资产损失”科目 |
| 出租 | 出租无形资产时，取得的租金收入，借记“银行存款”等科目，贷记“其他业务收入”等科目；摊销出租无形资产的成本并发生与转让有关的各种费用支出时，借记“其他业务成本”科目，贷记“无形资产”科目 |

续表

| 核算事项 | 核算规范 |
| --- | --- |
| 报废 | 无形资产预期不能为企业带来经济利益的，应按已计提的累计摊销，借记“累计摊销”科目，按其账面余额，贷记“无形资产”科目，按其差额，借记“营业外支出”科目。已计提减值准备的，还应同时结转减值准备 |

（2）无形资产处置的核算演练

### 演练 5-57：无形资产出售的核算

2016 年 3 月 13 日，甲企业出售一项专利权，取得的收入为 80 000 元，增值税率为 6%，该专利权的账面价值为 60 000 元，累计摊销额为 50 000 元，已计提减值准备为 8 000 元，则编制会计分录如下。

| | | |
| --- | --- | --- |
| 借：银行存款 | 80 000 | |
| 累计摊销 | 50 000 | |
| 无形资产减值准备 | 8 000 | |
| 贷：无形资产 | | 60 000 |
| 应交税费——应交增值税 | | 4 800 |
| 营业外收入——处置非流动资产利得 | | 73 200 |

### 演练 5-58：无形资产出租的核算

2016 年 1 月 1 日，甲企业将某商标权出租给乙公司使用，租期为 4 年，每年收取租金 150 000 元。租金收入适用的增值税税率为 3%，甲企业在出租期间内不再使用该商标权。该商标权系甲企业 2010 年 1 月 1 日购入的，初始入账价值为 1 800 000 元，预计使用年限为 15 年，采用直线法摊销。假定不考虑增值税以外的其他税费并按年摊销。

甲企业每年取得租金，编制的会计分录如下。

| | | |
| --- | --- | --- |
| 借：银行存款 | 150 000 | |
| 贷：其他业务收入——出租商标权 | | 150 000 |

按年对该商标权进行摊销并计算应交的增值税，编制的会计分录如下。

| | | |
| --- | --- | --- |
| 借：其他业务成本——商标权摊销 | 120 000 | |
| 应交税费——应交增值税 | 4 500 | |
| 贷：累计摊销 | | 120 000 |
| 应交税费——应交增值税 | | 4 500 |

### 演练 5-59：无形资产报废的核算

2016 年 5 月 5 日，甲企业对一套 5 年前购入的计算机软件进行技术鉴定，确定该软件已无使用价值，已不能为公司带来经济利益。该计算机软件原值 300 000 元，累计摊销

180 000元，已提减值准备 30 000 元。编制的会计分录如下。

| | 借方 | 贷方 |
|---|---|---|
| 借：累计摊销 | 180 000 | |
| 无形资产减值准备 | 30 000 | |
| 营业外支出 | 90 000 | |
| 贷：无形资产 | | 300 000 |

# 实账演练——负债类业务核算

## 6.1 流动负债核算规范与演练

### 6.1.1 短期借款核算规范与演练

（1）短期借款的核算规范

短期借款，是指企业向银行或其他金融机构等借入的期限在 1 年以下（含 1 年）的各种借款。“短期借款”科目贷方核算借入短期借款的本金，借方核算归还的短期借款；期末余额在贷方，反映企业尚未偿还的短期借款的本金。

短期借款有关业务的核算规范如表 6-1 所示。

**表 6-1　短期借款有关业务的核算规范**

| 核算事项 | 核算规范 |
| --- | --- |
| 短期借款的取得与归还 | ①企业借入的各种短期借款，借记“银行存款”科目，贷记“短期借款”科目；归还借款时，借记“短期借款”科目，贷记“银行存款”科目<br>②资产负债表日，应按计算确定的短期借款利息费用，借记“财务费用”“利息支出”等科目，贷记“银行存款”“应付利息”等科目 |
| 采取质押方式取得的短期借款 | 在以应收债权取得质押借款的情况下，企业应按照实际收到的款项，借记“银行存款”科目，按银行贷款本金，贷记“短期借款”等科目。按实际支付的手续费，借记“财务费用”科目，贷记“银行存款”科目 |

（2）短期借款的核算演练

**演练 6-1：短期借款取得与归还的核算**

2016 年 6 月 1 日，甲企业向乙商业银行取得一笔 120 000 元的借款，期限为 6 个月，到期一次还本付息，合同约定年利率为 5.6%。

甲企业借入款项时，编制的会计分录如下。

借：银行存款　　120 000
　　贷：短期借款——乙商业银行　　120 000

6 月末，计提应付利息，编制的会计分录如下。

利息＝120 000×5.6%÷12＝560(元)

借：财务费用——利息支出　　560
　贷：应付利息——借款利息　　560

7月、8月、9月、10月和11月份计提应付利息的会计分录同上。

11月30日，甲企业偿还银行本金及利息，编制的会计分录如下。

借：短期借款　　120 000
　应付利息——借款利息　　3 360
　贷：银行存款　　123 360

### 演练 6-2：采取质押方式取得的短期借款的核算

2016年6月3日，甲企业与某商业银行达成贷款协议，以应收丁企业的4 000 000元的债权作为质押，取得贷款期限为6个月的短期借款3 000 000元，合同约定贷款年利率为4%，按月支付利息，支付银行贷款手续费5 000元。

取得短期借款，编制的会计分录如下。

借：银行存款　　3 000 000
　贷：短期借款　　3 000 000

支付银行贷款手续费，编制的会计分录如下。

借：财务费用——手续费　　5 000
　贷：银行存款　　5 000

2016年7月3日，支付利息时，编制的会计分录如下。

借：财务费用——利息支出　　10 000
　贷：银行存款　　10 000

## 6.1.2 应付票据核算规范与演练

（1）应付票据的核算规范

应付票据，是指由出票人出票，委托付款人在指定日期无条件支付特定金额给收款人或持票人的票据，包括银行承兑汇票和商业承兑汇票。“应付票据”科目贷方核算企业应付的银行承兑汇票或商业承兑汇票；借方核算到期实际支付的应付票据款或票据到期无力支付而转入“应付账款”的票据款；期末余额在贷方，反映企业持有的尚未到期应付票据本息。

应付票据有关业务的核算规范如表6-2所示。

**表 6-2 应付票据有关业务的核算规范**

| 核算事项 | 核算规范 |
|---|---|
| 企业开出商业汇票 | ①企业开出商业汇票或以商业承兑汇票抵付货款或应付账款时，借记“在途物资”“库存商品”“应付账款”“应交税费——应交增值税（进项税额）”等科目，贷记“应付票据”科目<br>②支付银行承兑汇票的手续费，借记“财务费用”科目，贷记“银行存款”科目。收到银行支付到期票据的付款通知，支付款项时，借记“应付票据”科目，贷记“银行存款”科目 |

续表

| 核算事项 | 核算规范 |
| --- | --- |
| 应付票据到期 | ①应付票据到期支付本息时，按应付票据账面余额，借记“应付票据”科目，按未计提的利息，借记“财务费用”科目，按实际支付的金额，贷记“银行存款”科目<br>②银行承兑汇票到期，如企业无力支付票款，按应付票据的票面价值，借记“应付票据”科目，贷记“短期借款”科目 |

（2）应付票据的核算演练

**演练 6-3：企业开出商业汇票的核算**

2016 年 6 月 6 日，甲企业从乙企业购入一批产品，价款为 5 000 元，增值税为 850 元，甲企业开出一张期限为 1 个月的不带息的商业承兑汇票，产品已验收入库。编制的会计分录如下。

| | | |
| --- | --- | --- |
| 借：库存商品 | 5 000 | |
| 应交税费——应交增值税（进项税额） | 850 | |
| 贷：应付票据——商业承兑汇票 | | 5 850 |

**演练 6-4：应付票据到期的核算**

2016 年 6 月 30 日，甲企业因资金紧张无法按期支付当年 3 月 30 日开出给丙企业的银行承兑汇票，该张银行承兑汇票的面值为 20 000 元，期限为 3 个月。编制的会计分录如下。

| | | |
| --- | --- | --- |
| 借：应付票据——银行承兑汇票 | 20 000 | |
| 贷：短期借款 | | 20 000 |

### 6.1.3 应付账款核算规范与演练

（1）应付账款的核算规范

应付账款，是指企业因购买材料、商品和接受劳务供应等经营活动应支付的款项。“应付账款”科目贷方核算企业因购买材料、商品、接受劳务供应等而应付给供应单位的款项，借方核算实际支付给供应单位的应付款项以及与债权人进行债务重组和确实无法支付而转为营业外收入的应付账款等；期末余额在贷方，反映企业尚未支付的应付账款。

应付账款有关业务的核算规范如表 6-3 所示。

**表 6-3 应付账款有关业务的核算规范**

| 核算事项 | 核算规范 |
| --- | --- |
| 企业购入材料、商品等验收入库，但货款尚未支付 | 根据有关凭证（发票账单、随货通行发票上记载的实际价款或暂估价值），借记“在途物资”等科目，按专用发票上注明的增值税额，借记“应交税费——应交增值税（进项税额）”等科目，按应付的价款，贷记“应付账款”科目 |
| 企业接受供应单位提供劳务而发生的应付未付款项 | 根据供应单位的发票账单，借记“生产成本”“管理费用”等科目，贷记“应付账款”科目。支付时，借记“应付账款”科目，贷记“银行存款”等科目 |

（2）应付账款的核算演练

**演练 6-5：购入材料、商品而货款尚未支付的核算**

2016 年 6 月 6 日，甲企业购入丁企业一批原材料，价款为 30 000 元，增值税为 5 100 元，材料已验收入库，款项尚未支付，编制的会计分录如下。

借：原材料　30 000
　　应交税费——应交增值税（进项税额）　5 100
　　贷：应付账款——丁企业　35 100

**演练 6-6：提供劳务而发生应付未付款项的核算**

2016 年 6 月 8 日，甲企业结算应付乙企业提供的劳务 9 000 元，其中生产劳务费 6 000 元、管理部门劳务费 3 000 元，但尚未付款。编制的会计分录如下。

借：生产成本　6 000
　　管理费用——外部劳务费　3 000
　　贷：应付账款——乙企业　9 000

### 6.1.4 预收账款核算规范与演练

（1）预收账款的核算规范

预收账款是指企业按照合同规定向购货单位预收的款项。"预收账款"科目贷方核算企业按照合同规定向购货单位预收的款项和补收的款项；借方核算企业发出商品应收的款项；期末余额在贷方，反映企业向购货单位预收的款项；期末如为借方余额，反映企业应由购货单位补付的款项。

预收账款有关业务的核算规范如表 6-4 所示。

**表 6-4　预收账款有关业务的核算规范**

| 核算事项 | 核算规范 |
| --- | --- |
| 预收购货单位款项 | 企业向购货单位与收款项时，借记"银行存款"科目，贷记"预收账款"科目 |
| 收到购货单位货款 | 销售实现时，按实现的销售收入和应交的增值税销项税额，借记"预收账款"科目，按实现的营业收入，贷记"主营业务收入"科目，按专用发票上注明的增值税额，贷记"应交税费——应交增值税（销项税额）"科目；购货单位补付的款项，借记"银行存款"科目，贷记"预收账款"科目；退回多付的款项，做相反会计分录 |

（2）预收账款的核算演练

**演练 6-7：预收购货单位款项的核算**

2016 年 6 月 11 日，按合同规定甲企业预收丁企业预付款 8 000 元，编制的会计分录如下。

借：银行存款　　8 000
　　贷：预收账款——丁企业　　8 000

## 演练 6-8：收到购货单位货款的核算

承演练6-7，2016年6月18日，按照合同期限，甲企业发货给丁企业，增值税专用发票上注明的价款为30 000元，增值税税额为5 100元。甲企业已于2016年6月11日预收货款8 000元，其余款项由丁企业补付存入银行。

销售实现时，编制的会计分录如下。

借：预收账款　　35 100
　　贷：主营业务收入　　30 000
　　　　应交税费——应交增值税（销项税额）　　5 100

收到丁企业补付的其余款项，编制的会计分录如下。

借：银行存款　　27 100
　　贷：预收账款——丁企业　　27 100

### 6.1.5 应付职工薪酬核算规范与演练

（1）应付职工薪酬的核算规范

职工薪酬，是指企业为获得职工提供的服务而给予各种形式的报酬以及其他相关支出。"应付职工薪酬"科目的贷方核算工效挂钩单位按工效挂钩办法提取的工资及其他职工薪酬，或按主管单位批准的工资总额提取的工资及其他职工薪酬；非工效挂钩单位按实发工资分配的工资额核算；借方核算企业按照有关规定向职工支付工资、奖金、津贴等，从应付职工薪酬中扣还的各种款项、向职工支付的职工福利费、支付工会经费和职工教育经费、按照国家有关规定缴纳社会保险费和住房公积金、因解除与职工的劳动关系向职工给予的补偿；期末余额在贷方，反映应付职工薪酬结余。应付职工薪酬有关业务的核算规范如下。

① 应付职工薪酬的发生。企业应付职工薪酬发生的核算规范如表6-5所示。

表6-5　应付职工薪酬发生的核算规范

| 核算事项 | 核算规范 |
|---|---|
| 生产部门人员的职工薪酬 | ①借记"生产成本""制造费用""劳务成本"等科目，贷记"应付职工薪酬"科目<br>②应由在建工程、研发支出负担的职工薪酬，借记"在建工程""研发支出"等科目，贷记"应付职工薪酬"科目<br>③管理部门人员、销售人员的职工薪酬，借记"管理费用"或"销售费用"科目，贷记"应付职工薪酬"科目 |
| 以企业自产产品发放给职工作为职工薪酬 | ①企业以其自产产品发放给职工作为职工薪酬的，借记"管理费用""生产成本""制造费用"等科目，贷记"应付职工薪酬"科目<br>②无偿向职工提供住房等固定资产使用的，按应计提的折旧额，借记"管理费用""生产成本""制造费用"等科目，贷记"应付职工薪酬"科目；同时，借记"应付职工薪酬"科目，贷记"累计折旧"科目<br>③租赁住房等资产供职工无偿使用的，按每期应支付的租金，借记"管理费用""生产成本""制造费用"等科目，贷记"应付职工薪酬"科目 |

续表

| 核算事项 | 核算规范 |
| --- | --- |
| 解除与职工的关系给予的补偿 | 因解除与职工的劳动关系给予的补偿，借记"管理费用"科目，贷记"应付职工薪酬"科目 |
| 以现金与职工结算的股份支付 | ①在等待期内每个资产负债表日，按当期应确认的成本费用金额，借记"管理费用""生产成本""制造费用"等科目，贷记"应付职工薪酬"科目<br>②在可行权日之后，以现金结算的股份支付当期公允价值的变动金额，借记或贷记"公允价值变动损益"科目，贷记或借记"应付职工薪酬"科目<br>③外资企业按规定从净利润中提取的职工奖励及福利基金，借记"利润分配——提取职工奖励及福利基金"科目，贷记"应付职工薪酬"科目 |

② 职工薪酬的发放。职工薪酬发放的核算规范如表 6-6 所示。

**表 6-6　职工薪酬发放的核算规范**

| 核算事项 | 核算规范 |
| --- | --- |
| 向职工支付工资、奖金、津贴、福利费等 | 从应付职工薪酬中扣还的各种款项（个人所得税等）等，借记"应付职工薪酬"科目，贷记"银行存款""库存现金""其他应收款""应交税费——应交个人所得税"等科目 |
| 支付工会经费和职工教育经费 | 支付工会经费和职工教育经费用于工会活动和职工培训，借记"应付职工薪酬"科目，贷记"银行存款"等科目 |
| 缴纳社会保险费和住房公积金 | 按照国家有关规定缴纳社会保险费和住房公积金，借记"应付职工薪酬"科目，贷记"银行存款"科目 |
| 企业以其自产产品发放给职工 | ①企业以其自产产品发放给职工的，借记"应付职工薪酬"科目，贷记"主营业务收入"科目；同时，还应结转产成品的成本。涉及增值税销项税额的，还应进行相应的处理<br>②支付租赁住房等资产供职工无偿使用所发生的租金，借记"应付职工薪酬"科目，贷记"银行存款"等科目 |
| 企业以现金与职工结算的股份支付 | ①在行权日，借记"应付职工薪酬"科目，贷记"银行存款""库存现金"等科目<br>②企业因解约与职工的劳动关系给予职工的补偿，借记"应付职工薪酬"科目，贷记"银行存款""库存现金"等科目 |

③ 职工福利费的核算。职工福利费的核算规范如表 6-7 所示。

**表 6-7　职工福利费的核算规范**

| 核算事项 | 核算规范 |
| --- | --- |
| 计提福利费 | 企业提取福利费时，借记"生产成本""制造费用""销售费用""管理费用"等科目，贷记"应付职工薪酬——职工福利"科目 |
| 支付福利费 | 支付职工医疗卫生费用、职工困难补助和其他福利费以及应付的医务、福利人员工资等，借记"应付职工薪酬——职工福利"科目，贷记"银行存款"等科目 |
| 年度终了福利费的调整 | 福利费当期实际发生金额大于预计金额的，应当补提福利费，借记"管理费用"等科目，贷记"应付职工薪酬"科目；当期实际发生金额小于预计金额的，应当冲回多提的福利费，借记"应付职工薪酬"科目，贷记"管理费用"科目 |

（2）应付职工薪酬的核算演练

① 应付职工薪酬发生的核算演练。

### 演练 6-9：生产部门人员职工薪酬的核算

2016 年 6 月 10 日，甲企业财务部发放上月应发工资 165 000 元，代扣个人所得税 8 950 元，实发工资额 156 050 元。编制的会计分录如下。

| 科目 | 借方 | 贷方 |
|---|---|---|
| 借：应付职工薪酬——工资 | 165 000 | |
| 贷：应交税费——应交个人所得税 | | 8 950 |
| 银行存款 | | 156 050 |

2016 年 6 月 30 日，甲企业会计人员将应付工资借方发生进行如下分配，其中，生产车间员工工资为 50 000 元，管理部门人员工资为 45 000 元，销售部门人员工资为 70 000 元，编制的会计分录如下。

| 科目 | 借方 | 贷方 |
|---|---|---|
| 借：生产成本 | 50 000 | |
| 管理费用 | 45 000 | |
| 销售费用 | 70 000 | |
| 贷：应付职工薪酬——工资 | | 165 000 |

### 演练 6-10：以企业自产产品发放给职工作为职工薪酬的核算

2016 年 6 月 12 日，甲企业以其自产的产品作为福利发给生产工人，该批产品的售价为 20 000 元，增值税为 3 400 元，成本为 15 000 元，编制的会计分录如下。

| 科目 | 借方 | 贷方 |
|---|---|---|
| 借：生产成本 | 23 400 | |
| 贷：应付职工薪酬——非货币性福利 | | 23 400 |
| 借：应付职工薪酬——非货币性福利 | 23 400 | |
| 贷：主营业务收入 | | 20 000 |
| 应交税费——应交增值税（销项税额） | | 3 400 |
| 借：主营业务成本 | 15 000 | |
| 贷：库存商品 | | 15 000 |

### 演练 6-11：租赁住房等资产供职工无偿使用的核算

2016 年 6 月 15 日，甲企业为解决职工住房困难特提供房屋一套，供职工免费使用，该房屋的月租金为 5 000 元，编制的会计分录如下。

| 科目 | 借方 | 贷方 |
|---|---|---|
| 借：管理费用 | 5 000 | |
| 贷：应付职工薪酬——非货币性福利 | | 5 000 |

### 演练 6-12：因解除与职工的劳动关系给予补偿的核算

2016 年 6 月 18 日，甲企业与 5 名员工解除劳动关系，并且给予经济补偿 30 000 元，编制的会计分录如下。

| 借：管理费用 | 30 000 | |
|---|---|---|
| 贷：应付职工薪酬——辞退福利 | | 30 000 |

### 演练 6-13：外商企业按规定提取职工奖励及福利基金的核算

2016 年 6 月 19 日，某外商投资企业按照确定的利润分配方案，从税后利润中提取职工奖励记福利基金 550 000 元。编制的会计分录如下。

| 借：利润分配——提取职工奖励及福利基金 | 550 000 | |
|---|---|---|
| 贷：应付职工薪酬——职工福利 | | 550 000 |

② 职工薪酬发放的核算演练。

### 演练 6-14：从应支付工资中扣除款项的核算

2016 年 6 月 21 日，甲企业财务部发放上月员工工资，共计 250 000 元，其中代扣个人所得税 13 520 元，编制的会计分录如下。

| 借：应付职工薪酬——工资 | 13 520 | |
|---|---|---|
| 贷：应交税费——应交代扣个人所得税 | | 13 520 |

### 演练 6-15：支付各项经费的核算

2016 年 6 月 24 日，甲企业按照全部职工工资总额的 2%，向工会拨交当月份的工会经费，并按职工工资总额的 1.5%支付职工教育经费，已知工资总额为 500 000 元。编制的会计分录如下。

| 借：应付职工薪酬——工会经费 | 10 000 | |
|---|---|---|
| ——职工教育经费 | 7 500 | |
| 贷：银行存款 | | 17 500 |

### 演练 6-16：缴纳社会保险费和住房公积金的核算

2016 年 6 月 26 日，甲企业按照国家有关规定为职工缴纳社会保险费和住房公积金共计 380 000 元，其中缴纳社会保险费 182 000 元，住房公积金 198 000 元。编制的会计分录如下。

| 借：应付职工薪酬——社会保险费 | 182 000 | |
|---|---|---|
| ——住房公积金 | 198 000 | |
| 贷：银行存款 | | 380 000 |

### 演练 6-17：为职工提供的非货币性福利（例如供职工无偿使用房屋所发生费用）的核算

2016 年 6 月 30 日，甲企业支付租赁公寓楼月租金为 100 000 元。编制的会计分录如下。

借：应付职工薪酬——非货币性福利 100 000
　　贷：银行存款 100 000

**演练 6-18：因解除劳动关系给予职工补偿的核算**

2016 年 6 月 30 日，甲企业因解除部分职工而用银行存款支付经济补偿款 120 000 元。编制的会计分录如下。

借：应付职工薪酬——辞退福利 120 000
　　贷：银行存款 120 000

③ 职工福利费的核算演练。

**演练 6-19：提取职工福利费的核算**

2016 年 7 月 4 日，甲企业按工资总额 978 000 元的 14％提取职工福利费，其中按生产工人工资 570 000 元提取的福利费 79 800 元，按车间管理人员工资 208 000 元提取的福利费 29 120 元，按管理部门人员与福利部门人员工资 200 000 元提取的职工福利费 28 000 元。编制的会计分录如下。

借：生产成木 79 800
　　制造费用 29 120
　　管理费用 28 000
　　贷：应付职工薪酬——职工福利 136 920

**演练 6-20：支付职工福利费的核算**

2016 年 7 月 11 日，甲企业支付职工困难补助费 60 000 元。编制的会计分录如下。

借：应付职工薪酬——职工福利 60 000
　　贷：库存现金 60 000

**演练 6-21：年度终了福利费的调整核算**

2016 年 12 月 31 日，甲企业累计发生的福利费支出为 435 000 元，已累计提取的福利费 445 000 元。编制的会计分录如下。

借：应付职工薪酬——职工福利 20 000
　　贷：管理费用 20 000

### 6.1.6 应交税费核算规范与演练

（1）应交税费的核算规范

应交税费，是指企业在生产经营过程中产生的应向国家缴纳的各种税费，主要包括：增值税、消费税、所得税、土地增值税、城市维护建设税、房地产税、土地使用税、车船使用税和教育费附加、代缴的个人所得税等。

“应交税费”科目贷方核算按规定应予缴纳的税费，借方核算实际缴纳和需要抵扣的税费；期末余额在贷方，反映企业尚未交纳的税费，期末如为借方余额，反映企业多交或尚未抵扣的税费。

“税金及附加”科目借方核算按规定计算确定的企业经营活动发生的消费税、城市维护建设税和教育税附加等相关税费；贷方核算企业收到的返还的消费税等原计入本科目的各种税费；期末，应将本科目余额转入“本年利润”科目，结转后本科目应无余额。

企业应交税费的核算规范如下。

① 应交增值税的核算规范，如表 6-8 所示。

**表 6-8 企业应交增值税的核算规范**

| 核算事项 | 核算规范 |
| --- | --- |
| 国内采购的物资 | 按专用发票上注明的增值税，借记“应交税费——应交增值税（进项税额）”科目，专用发票上记载的应计入采购成本的金额，借记“在途物资”等科目，按应付或实际支付的金额，贷记“应付账款”“应付票据”“银行存款”等科目。购入物资发生的退货，做相反会计分录 |
| 购进免税农业产品 | 按购入农业产品的买价和规定扣除率计算的进项税额，借记“应交税费——应交增值税（进项税额）”科目，按买价减去按规定计算的进项税额后的差额，借记“在途物资”“销售费用”等科目，按应付或实际支付的价款，贷记“应付账款”“银行存款”等科目 |
| 进口物资 | 按海关提供的完税凭证上注明的增值税，借记“应交税费——应交增值税（进项税额）”等科目，按应付或实际支付的金额，贷记“应付账款”“银行存款”等科目 |
| 接受投资者转入的物资 | 按专用发票上注明的增值税，借记“应交税费——应交增值税（进项税额）科目”，按照投资合同或协议约定的价值，借记“原材料”等科目，按其在注册资本中所占的份额，贷记“股本”科目，按其差额，贷记“资本公积”科目 |
| 销售物资或提供应税劳务 | 按实现的营业收入和按规定收取的增值税额，借记“应收账款”“应收票据”等科目，按专用发票上注明的增值税额，贷记“应交税费——应交增值税（销项税额）”科目，按实际的营业收入，贷记“主营业务收入”“其他业务收入”等科目。发生的销售退回，做相反会计分录 |
| 实行“免、抵、退”办法的出口退税业务 | ①按规定计算的当期出口物资不予免征、抵扣和退税的税额，计入出口物资成本，借记“主营业务成本”科目，贷记“应交税费——应交增值税（进项税额转出）”科目<br>②按规定计算的当期应予抵扣的税额，借记“应交税费——应交增值税（出口抵减内销产品应纳税额）”科目，贷记“应交税费——应交增值税（出口退税）”科目<br>③因应抵扣的税额大于应纳税额而全部抵扣，按规定应予退回的税款，借记“其他应收款”科目，贷记“应交税费——应交增值税（出口退税）”科目<br>④收到退回的税款，借记“银行存款”科目，贷记“其他应收款”科目 |
| 未实行“免、抵、退”办法的出口退税业务 | ①物资出口销售时，按当期出口物资应收的款项，借记“应收账款”等科目，按规定计算的应收出口退税，借记“其他应收款”科目，按规定计算的不予退回的税费，借记“主营业务成本”科目，按当期出口物资实现的营业收入，贷记“主营业务收入”科目，按规定计算的增值税，贷记“应交税费——应交增值税（销项税额）”科目<br>②收到退回的税款，借记“银行存款”科目，贷记“其他应收款”科目 |
| 视同销售业务 | 企业将资产或委托加工的货物用于非应税项目、作为投资、集体福利消费、赠送他人等，应视同销售物资计算应交增值税，借记“在建工程”“长期股权投资”“应付职工薪酬”“营业外支出——捐赠支出”等科目，贷记“应交税费——应交增值税（销项税额）”“库存商品”等科目 |
| 不予抵扣项目 | ①购进的物资、在产品、产成品发生非正常损失，以及购进物资改变用途等原因，其进项税额应相应转入有关科目，借记“待处理财产损益”“在建工程”等科目，贷记“应交税费——应交增值税（进项税额转出）”科目<br>②属于转作待处理财产损失的部分，应与遭受非正常损失的购进货物、在产品、产成品成本一并处理 |

续表

| 核算事项 | 核算规范 |
| --- | --- |
| 转出多交增值税和未交增值税 | ①月份终了，将本月应交未交增值税自“应交税费——应交增值税（转出未交增值税）”明细科目转入“应交税费——未交增值税”明细科目，借记“应交税费——应交增值税（转出未交增值税）”科目，贷记“应交税费——未交增值税”科目<br>②将本月多交的增值税转自“应交税费——应交增值税（转出多交增值税）”明细科目转入“应交税费——未交增值税”明细科目，借记“应交税费——未交增值税”科目，贷记“应交税费——应交增值税（转出多交增值税）”科目<br>③本月上交上期应交未交的增值税，借记“应交税费——未交增值税”科目，贷记“银行存款”科目 |
| 本月上交应交增值税 | ①企业本月上交本月的应交增值税，借记“应交税费——应交增值税（已交税费）”科目，贷记“银行存款”科目<br>②企业本月上交上期应交未交的增值税，借记“应交税费——未交增值税”科目，贷记“银行存款”科目 |

② 应交土地增值税的核算规范。

企业转让土地使用权应交土地增值税的核算规范，如表 6-9 所示。

**表 6-9 企业应交土地增值税的核算规范**

| 核算事项 | 核算规范 |
| --- | --- |
| 通过“固定资产”科目核算的 | 借记“固定资产清理”等科目，贷记“应交税费——应交土地增值税”科目 |
| 通过“无形资产”科目核算的 | 按实际收到的金额，借记“银行存款”科目，按应交的土地增值税，贷记“应交税费——应交土地增值税”科目，同时冲销土地使用权的账面价值，贷记“无形资产”科目，按其差额，借记“营业外支出”科目或贷记“营业外收入”科目 |
| 实际缴纳土地增值税 | 实际缴纳土地增值税时，借记“应交税费”科目，贷记“银行存款”等科目 |

③ 应交消费税的核算规范。

企业应交消费税的核算规范，如表 6-10 所示。

**表 6-10 企业应交消费税的核算规范**

| 核算事项 | 核算规范 |
| --- | --- |
| 销售产品物资应交消费税 | ①销售需要缴纳消费税的物资，借记“税金及附加”等科目，贷记“应交税费——应交消费税”科目。退税时做相反会计分录<br>②以生产的商品作为股权投资、用于在建工程、非生产机构等，按规定应缴纳的消费税，借记“长期股权投资”“固定资产”“在建工程”“营业外支出”等科目，贷记“应交税费——应交消费税”科目<br>③同商品出售但单独计价的包装物，按规定应缴纳的消费税，借记“其他业务成本”科目，贷记“应交税费——应交消费税”科目。出租、出借包装物逾期未收回没收的押金应交的消费税，借记“其他业务成本”科目，贷记“应交税费——应交消费税”科目 |
| 委托加工应税消费品应交消费税 | ①受托方按应扣税款金额，借记“应收账款”“银行存款”等科目，贷记“应交税费——应交消费税”科目<br>②委托加工物资收回后，直接用于销售的，将代收代交的消费税计入委托加工物资的成本，借记“委托加工物资”等科目，贷记“应付账款”“银行存款”等科目<br>③委托加工物资收回后用于连续生产，按规定准予抵扣的，按代收代交的消费税，借记“应交税费——应交消费税”科目，贷记“应付账款”“银行存款”等科目 |

④ 应交所得税的核算规范。

企业按照税法规定计算应交的所得税，借记“所得税费用”等科目，贷记“应交税费——应交所得税”科目。缴纳的所得税，借记“应交税费——应交所得税”科目，贷记“银行存款”等科目。

⑤ 应交个人所得税的核算规范。

企业按规定计算应代扣代缴的职工个人所得税，借记“应付职工薪酬”科目，贷记“应交税费——应交个人所得税”科目。缴纳的个人所得税，借记“应交税费——应交个人所得税”科目，贷记“银行存款”科目。

⑥ 应交城市维护建设税的核算规范。

企业按规定计算出应缴纳的城市维护建设税，借记“税金及附加”等科目，贷记“应交税费——应交城市维护建设税”科目。缴纳的城市维护建设税，借记“应交税费——应交城市维护建设税”科目，贷记“银行存款”科目。

⑦ 应交教育费附加的核算规范。

企业按规定计算应交的教育费附加，借记“税金及附加”“其他业务成本”“管理费用”等科目，贷记“应交税费——应交教育费附加”科目。缴纳的教育费附加，借记“应交税费——应交教育费附加”科目，贷记“银行存款”科目。

⑧ 企业应交税费的核算规范。

企业按规定计算应交的房产税、土地使用税、车船税、矿产资源补偿费，借记“管理费用”科目，贷记“应交税费”科目。实际缴纳时，借记“应交税费”科目，贷记“银行存款”等科目。

（2）应交税费的核算演练

① 应交增值税的核算演练。

### 演练 6-22：购货业务应交增值税的核算

2016 年 7 月 13 日，甲企业购入一批物资，价款为 2 000 元，增值税为 340 元，货物未到，款项已付，编制的会计分录如下。

借：在途物资——材料　　2 000
　　应交税费——应交增值税（进项税额）　　340
　　贷：银行存款　　2 340

### 演练 6-23：销售业务应交增值税的核算

2016 年 7 月 15 日，甲企业销售商品一批，销售收入为 100 000 元，专用发票上注明的增值税额为 17 000 元。编制的会计分录如下。

借：应收账款　　117 000
　　贷：主营业务收入——商品销售收入　　100 000
　　　　应交税费——应交增值税（销项税额）　　17 000

### 演练 6-24：实行“免、抵、退”办法的出口退税业务的核算

某企业出口退税业务施行“免、抵、退”办法核算，出口货物的征税税率为 17%，退

税率为 15%。2016 年 7 月的有关经营业务为：购进原材料一批，取得的增值税专用发票注明的价款为 3 000 000 元，增值税为 510 000 元，货已验收入库。上月末留抵税款 70 000 元；本月内销货物不含税销售额 1 500 000 元；收款 1 755 000 元存入银行；本月出口货物的销售额折合人民币 3 000 000 元，7 月 31 日对当期的出口退税进行账务处理，8 月 4 日收到退回的税款。

当期免抵退税不得免证和抵扣税额＝3 000 000×(17%－15%)＝60 000(元)；

当期应纳税额＝1 500 000×17%－(510 000－60 000)－70 000＝－265 000(元)；

出口货物“免、抵、退”税额＝3 000 000×15%＝450 000(元)；

按规定，如当期期末留抵税额≤当期免退税额，当期应退税额＝当期期末留抵税额，即该企业当期应退税额＝265 000(元)；

当期免抵税额＝当期免抵退税额－当期应退税额＝450 000－265 000＝185 000(元)

将不予免征和抵扣的税额计入出口货物成本，编制的会计分录如下。

| 科目 | 借方 | 贷方 |
|---|---|---|
| 借：主营业务成本 | 60 000 | |
| 贷：应交税费——应交增值税（进项税额转出） | | 60 000 |

按规定计算的当期应予抵扣的税额，编制的会计分录如下。

| 科目 | 借方 | 贷方 |
|---|---|---|
| 借：应交税费——应交增值税（出口抵减内销产品应纳税额） | 185 000 | |
| 贷：应交税费——应交增值税（出口退税） | | 185 000 |

按规定计算应予退回的税款，编制的会计分录如下。

| 科目 | 借方 | 贷方 |
|---|---|---|
| 借：其他应收款 | 265 000 | |
| 贷：应交税费——应交增值税（出口退税） | | 265 000 |

2016 年 8 月 4 日，收到退回的税款，编制的会计分录如下。

| 科目 | 借方 | 贷方 |
|---|---|---|
| 借：银行存款 | 265 000 | |
| 贷：其他应收款 | | 265 000 |

### 演练 6-25：未实行“免、抵、退”办法的出口退税业务的核算

某企业出口退税业务未实行“免、抵、退”办法，2016 年 8 月 8 日出口给 A 公司货物一批，销售额折合人民币 2 000 000 元，增值税税率为 17%，退税率为 9%，销售已实现，9 月 4 日收到退回的税款。

其他应收款＝2 000 000×9%＝180 000(元)；

主营业务成本＝2 000 000×(17%－9%)＝160 000(元)

货物出口销售时，编制的会计分录如下。

| 科目 | 借方 | 贷方 |
|---|---|---|
| 借：应收账款——A 公司 | 2 000 000 | |
| 其他应收款 | 180 000 | |
| 主营业务成本——商品销售成本 | 160 000 | |
| 贷：主营业务收入——商品销售收入 | | 2 000 000 |
| 应交税费——应交增值税（销项税额） | | 340 000 |

2016 年 9 月 4 日，收到退回的税款时，编制的会计分录如下。

借：银行存款　180 000
　贷：其他应收款　180 000

### 演练 6-26：将资产或委托加工的货物用于投资的核算

2016 年 9 月 6 日，甲企业以原材料对丙公司进行长期投资。该批原材料成本 3 000 000 元。计税价格 4 000 000 元。专用发票上注明的增值税额 680 000 元。编制的会计分录如下。

借：长期股权投资——其他股权投资——丙公司　4 680 000
　贷：其他业务收入　4 000 000
　　应交税费——应交增值税（销项税额）　680 000
借：其他业务成本　3 000 000
　贷：原材料　3 000 000

### 演练 6-27：将生产的产品用于职工福利的核算

2016 年 9 月 8 日，甲企业将生产的产品一批用于职工福利。产品应分摊成本 500 000 元，售价 650 000 元，增值税额为 110 500 元。编制的会计分录如下。

借：应付职工薪酬——职工福利　760 500
　贷：其他业务收入　650 000
　　应交税费——应交增值税（销项税额）　110 500
借：其他业务成本　500 000
　贷：库存商品　500 000

### 演练 6-28：不予抵扣项目应交增值税的核算

2016 年 9 月 13 日，甲企业购入原材料一批，材料价款 480 000 元，增值税专用发票上注明的增值税额为 81 600 元，甲企业将该批材料全部用于在建工程项目。

材料已入库，货款也已支付。编制的会计分录如下。

借：原材料　480 000
　应交税费——应交增值税（进项税额）　81 600
　贷：银行存款　561 600

将该批材料全部用于在建工程项目，编制的会计分录如下。

借：在建工程——建筑工程　561 600
　贷：原材料——材料　480 000
　　应交税费——应交增值税（进项税额转出）　81 600

### 演练 6-29：转出多交增值税和未交增值税的核算

2016 年 9 月月末，甲企业将本月应交未交的增值税 170 000 元转入“未交增值税”明细科目。编制的会计分录如下。

| 科目 | 借方 | 贷方 |
|---|---|---|
| 借：应交税费——应交增值税（转出未交增值税） | 170 000 | |
| 　贷：应交税费——未交增值税 | | 170 000 |

2016 年 10 月月末，甲企业将本月多交的增值税 145 000 元转入“未交增值税”明细科目。编制的会计分录如下。

| 科目 | 借方 | 贷方 |
|---|---|---|
| 借：应交税费——未交增值税 | 145 000 | |
| 　贷：应交税费——应交增值税（转出多交增值税） | | 145 000 |

### 演练 6-30：上交应交增值税的核算

2016 年 6 月 30 日，甲企业缴纳本月的应交增值税 1 800 000 元。编制的会计分录如下。

| 科目 | 借方 | 贷方 |
|---|---|---|
| 借：应交税费——应交增值税（已交税金） | 1 800 000 | |
| 　贷：银行存款 | | 1 800 000 |

2016 年 8 月 4 日，甲企业缴纳上月应交未交的增值税 5 100 000 元。编制的会计分录如下。

| 科目 | 借方 | 贷方 |
|---|---|---|
| 借：应交税费——未交增值税 | 5 100 000 | |
| 　贷：银行存款 | | 5 100 000 |

② 应交土地增值税的核算演练。

### 演练 6-31：应交土地增值税的核算

2016 年 8 月 6 日，甲企业转让土地使用权，其土地使用权与土地上建筑物及其附着物一并在固定资产科目中核算，按规定应缴纳的土地增值税为 3 000 000 元。编制的会计分录如下。

| 科目 | 借方 | 贷方 |
|---|---|---|
| 借：固定资产清理 | 3 000 000 | |
| 　贷：应交税费——应交土地增值税 | | 3 000 000 |

③ 应交消费税的核算演练。

### 演练 6-32：销售产品物资应交消费税的核算

2016 年 8 月 8 日，甲企业销售其生产的应税消费品一批，售价金额 300 000 元，产品成本 270 000 元，应交消费税 30 000 元。专用发票上注明的增值税为 51 000 元。产品已发出，款项已收到。编制的会计分录如下。

| 会计分录 | 借方 | 贷方 |
| --- | --- | --- |
| 借：银行存款 | 351 000 | |
| 　　贷：主营业务收入——商品销售收入 | | 300 000 |
| 　　　　应交税费——应交增值税（销项税额） | | 51 000 |
| 借：税金及附加 | 30 000 | |
| 　　贷：应交税费——应交消费税 | | 30 000 |
| 借：主营业务成本——商品销售成本 | 270 000 | |
| 　　贷：库存商品 | | 270 000 |

### 演练 6-33：委托加工应税消费品直接用于销售的应交消费税的核算

2016 年 8 月 18 日，甲企业委托乙公司加工一批应税消费品。缴纳加工费时一并支付了应由乙公司代收代缴的消费税 4 000 元。该委托加工物资收回后直接用于销售。编制的会计分录如下。

| 会计分录 | 借方 | 贷方 |
| --- | --- | --- |
| 借：委托加工物资——材料 | 4 000 | |
| 　　贷：银行存款 | | 4 000 |

### 演练 6-34：委托加工应税消费品用于连续生产的应交消费税的核算

承演练 6-33，假设该企业收回委托加工物资后用于连续生产。编制的会计分录如下。

| 会计分录 | 借方 | 贷方 |
| --- | --- | --- |
| 借：应交税费——应交消费税 | 4 000 | |
| 　　贷：银行存款 | | 4 000 |

④ 应交所得税的核算演练。

### 演练 6-35：应交所得税的核算

甲企业 2015 年度应缴纳所得税金额为 1 000 000 元，编制的会计分录如下。

| 会计分录 | 借方 | 贷方 |
| --- | --- | --- |
| 借：所得税费用 | 1 000 000 | |
| 　　贷：应交税费——应交所得税 | | 1 000 000 |

2016 年 3 月 6 日，实际缴纳上年所得税款 1 500 000 元。编制的会计分录如下。

| 会计分录 | 借方 | 贷方 |
| --- | --- | --- |
| 借：应交税费——应交所得税 | 1 500 000 | |
| 　　贷：银行存款 | | 1 500 000 |

⑤ 应交个人所得税的核算演练。

### 演练 6-36：计算代扣代缴职工个人所得税的核算

2016 年 8 月 31 日，甲企业按规定计算本月应代扣代缴的职工个人所得税共计 103 400 元。编制的会计分录如下。

借：应付职工薪酬——工资　　103 400
　　贷：应交税费——应交个人所得税　　103 400

2016 年 10 月 8 日，甲企业缴纳上月个人所得税款 333 000 元。编制的会计分录如下。

借：应交税费——应交个人所得税　　333 000
　　贷：银行存款　　333 000

⑥ 应交城市维护建设税的核算演练。

**演练 6-37：应交城市维护建设税的核算**

2016 年 6 月月底，甲企业计提本月的流转税额 30 000 元，城建税率为 7%，则甲企业应缴纳的城建税为 2 100 元，编制的会计分录如下。

借：税金及附加　　2 100
　　贷：应交税费——应交城市维护建设税　　2 100

⑦ 应交教育税附加的核算演练。

**演练 6-38：计提教育税附加的核算**

2016 年 7 月 31 日，甲企业按规定计提本月教育费附加 30 000 元。编制的会计分录如下。

借：税金及附加　　30 000
　　贷：应交税费——应交教育费附加　　30 000

**演练 6-39：交纳教育税附加的核算**

2016 年 9 月 10 日，甲企业缴纳上月教育费附加税款 21 000 元，编制的会计分录如下。

借：应交税费——应交教育费附加　　21 000
　　贷：银行存款　　21 000

⑧ 其他应交税费的核算演练。

2016 年 12 月，甲企业按规定计算应缴纳的房产税 300 000 元。编制的会计分录如下。

借：管理费用——房产税　　300 000
　　贷：应交税费——应交房产税　　300 000

### 6.1.7 应付股利核算规范与演练

（1）应付股利的核算规范

应付股利，是指企业根据股东大会或类似机构审议批准分配的现金股利或利润。“应付股利”科目贷方核算企业经董事会、股东大会或类似机构决议确定分配的现金股利或利润，借方核算实际支付的现金股利或利润，期末余额在贷方，反映企业尚未支付的现金股利或利润。

企业应付股利的核算规范如表 6-11 所示。

**表 6-11　企业应付股利的核算规范**

| 核算事项 | 核算规范 |
| --- | --- |
| 分派股利 | 企业根据股东大会或类似机构审议批准的利润分配方案，按应支付的现金股利或利润，借记“利润分配”科目，贷记“应付股利”科目 |
| 支付股利 | 企业分配的现金股利或利润，在实际支付时，借记“应付股利”科目，贷记“银行存款”等科目 |

（2）应付股利的核算演练

演练　6-40：分派股利的核算

2016 年 4 月 20 日，甲企业董事会研究决定给投资者分配股利，共计 120 000 元，以银行存款支付。

计算分配股利时，编制的会计分录如下。

借：利润分配——应付现金股利或利润　　120 000
　　贷：应付股利　　120 000

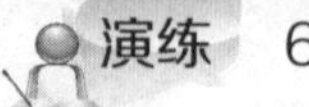

演练　6-41：支付股利的核算

实际支付股利时，编制的会计分录如下。

借：应付股利　　120 000
　　贷：银行存款　　120 000

## 6.1.8　其他应付款核算规范与演练

（1）其他应付款的核算规范

其他应付款，是指企业在商品交易或劳务供应业务之外发生的应付、暂收其他单位或个人的款项。

“其他应付款”科目贷方核算企业应付经营租入固定资产和包装物的租金、其他单位存入的保证金和暂收其他单位或个人的款项，借方核算企业实际支付的应付及暂收其他单位或个人的款项；期末余额在贷方，反映企业尚未支付的其他应付款。

其他应付款的核算规范如表 6-12 所示。

**表 6-12　其他应付款的核算规范**

| 核算事项 | 核算规范 |
| --- | --- |
| 发生的应付或暂收款项 | 发生的各种应付、暂收款项，借记“银行存款”“管理费用”等科目，贷记“其他应付款”科目 |
| 支付的应付或暂收款项 | 应付或暂收款支付时，借记“其他应付款”科目，贷记“银行存款”等科目 |

（2）其他应付款的核算演练

**演练 6-42：发生的应付或暂收款项的核算**

2016 年 1 月 1 日，甲企业收到丁公司租用包装物押金 7 800 元。编制的会计分录如下。

借：银行存款　　7 800
　贷：其他应付款——单位往来——丁公司　　7 800

**演练 6-43：支付的应付或暂收款项的核算**

2016 年 2 月 10 日，甲企业将某职工上月未领工资 4 500 元付给该职工。编制的会计分录如下。

借：其他应付款——个人往来——某职工　　4 500
　贷：库存现金　　4 500

## 6.2 非流动负债核算规范与演练

### 6.2.1 长期借款核算规范与演练

（1）长期借款的核算规范

长期借款，是指公司向银行或其他金融机构借入的期限在一年以上（不含一年）的各项借款。“长期借款”科目贷方核算借入的长期借款的本金，以及长期外币借款汇兑差额，借方核算归还的长期借款的本金；期末余额在贷方，反映企业尚未偿还的长期借款的摊余成本。

长期借款有关业务的核算规范，如表 6-13 所示。

**表 6-13　长期借款有关业务的核算规范**

| 核算事项 | 核算规范 |
| --- | --- |
| 借入与使用 | ①企业借入长期借款，应按实际收到的金额，借记“银行存款”科目，贷记“长期借款（本金）”科目<br>②资产负债表日，应按摊余成本和实际利率计算确定的长期借款的利息费用，借记“在建工程”“制造费用”“财务费用”“研发支出”等科目，按合同约定的名义利率计算确定的应付利息金额，贷记“应付利息——长期借款利息”科目，按其差额，贷记“长期借款（利息调整）”科目 |
| 归还 | 归还长期借款本金时，借记“长期借款（本金）”科目，贷记“银行存款”科目。同时，按应转销的利息调整、应计利息金额，借记“应付利息——长期借款利息”“在建工程”“制造费用”“财务费用”“研发支出”等科目，贷记或借记“长期借款（利息调整）”科目 |

（2）长期借款的核算演练

**演练 6-44：长期借款借入与使用的核算**

2015 年 1 月 1 日，甲企业专门为建造厂房而向某商业银行借入一笔 1 400 000 元的借款，借款年利率为5%，实际利率与合同约定的名义利率差异很小，借款期限为2年，每年年末计息，利息按单利计算，到期还本付息。该笔借款于1月1日全部投入使用，固定资产于2015年年末完成并投入使用，并办理了工程决算。

收到借入的长期借款时，编制的会计分录如下。

| | | |
|---|---|---|
| 借：银行存款 | 1 400 000 | |
| 　贷：长期借款——本金 | | 1 400 000 |

支出款项时，编制的会计分录如下。

| | | |
|---|---|---|
| 借：在建工程——建筑工程 | 1 400 000 | |
| 　贷：银行存款 | | 1 400 000 |

2015年年末计提利息，编制的会计分录如下。

| | | |
|---|---|---|
| 借：在建工程——建筑工程 | 70 000 | |
| 　贷：应付利息——长期借款利息 | | 70 000 |

2015年年末固定资产完工，编制的会计分录如下。

| | | |
|---|---|---|
| 借：固定资产——生产经营用——生产及管理用房屋 | 1 470 000 | |
| 　贷：在建工程——建筑工程 | | 1 470 000 |

2016年年末计提利息时，编制的会计分录如下。

| | | |
|---|---|---|
| 借：财务费用——利息支出 | 70 000 | |
| 　贷：应付利息——长期借款利息 | | 70 000 |

**演练 6-45：长期借款归还的核算**

承演练6-44，2016年年末归还借款时，编制的会计分录如下。

| | | |
|---|---|---|
| 借：长期借款——本金 | 1 400 000 | |
| 　应付利息——长期借款利息 | 140 000 | |
| 　贷：银行存款 | | 1 540 000 |

### 6.2.2 应付债券核算规范与演练

（1）应付债券的核算规范

应付债券是企业为筹集长期资金而发行的还款期在一年以上的债券。“应付债券”科目贷方核算发行债券的面值、到期一次还本付息确认的应计利息、按实际利率法计算确定的利息费用的借方调整金额；借方核算按实际利率法计算确定的利息费用的贷方调整金额、债券到期支付的债券本息；期末余额在贷方，反映尚未偿还债券的账面价值。

应付债券有关业务的核算规范如表6-14所示。

表 6-14 应付债券有关业务的核算规范

| 核算事项 | 核算规范 |
|---|---|
| 债券的发行 | 企业发行债券，应按实际收到的金额，借记“银行存款”等科目，按债券票面金额，贷记“应付债券——面值”科目。存在差额的，还应借记或贷记“应付债券——利息调整”科目 |
| 债券到期 | 应付债券到期，支付债券本息，借记“应付债券——面值”“应付债券——应计利息”“应付利息”等科目，贷记“银行存款”等科目。同时，存在利息调整余额的，借记或贷记“应付债券——利息调整”科目，贷记或借记“在建工程”“制造费用”“财务费用”“研发支出”等科目 |
| 可转换公司债券 | ①发行的可转换公司债券，应按实际收到的金额，借记“银行存款”等科目，按该项可转换公司债券包含的负债成分的面值，贷记“应付债券——可转换公司债券——面值”科目，按权益成分的公允价值，贷记“资本公积——其他资本公积”科目，按其差额，借记或贷记“应付债券——利息调整”科目<br>②可转换公司债券持有人行使转换权利，将其持有的债券转换为股票，按可转换公司债券的余额，借记“应付债券——可转换公司债券——面值”“应付债券——可转换公司债券——利息调整”科目，按其权益成分的金额，借记“资本公积——其他资本公积”科目，按股票面值和转换的股数计算的股票面值总额，贷记“股本”科目，按其差额，贷记“资本公积——股本溢价”科目。如果现金支付不可转换股票的部分，还应贷记“银行存款”等科目 |

（2）应付债券的核算演练

### 演练 6-46：平价发行债券的核算

2015 年 1 月 1 日，甲企业平价发行面值 10 000 000 元的 3 年期债券。发行款项存入银行。编制的会计分录如下。

借：银行存款　　10 000 000
　　贷：应付债券——面值　　10 000 000

### 演练 6-47：溢价发行债券的核算

2015 年 1 月 1 日，乙企业溢价发行面值 40 000 000 元的 5 年期债券，用于购建大型机器设备一套。债券票面年利率 5%，实际发行价格 41 800 000 元，每年末计息一次利息，到期一次还本付息。发行款项已存入银行。编制的会计分录如下。

借：银行存款　　41 800 000
　　贷：应付债券——面值　　40 000 000
　　　　　　　　——利息调整　　1 800 000

### 演练 6-48：债券到期的核算

承演练 6-47，甲企业 2015 年 1 月 1 日溢价发行的债券于 2019 年 12 月 31 日到期。编制的会计分录如下。

借：应付债券——面值　　40 000 000
　　　　　　——应计利息　　2 000 000
　　贷：银行存款　　42 000 000

### 演练 6-49：可转换公司债券的核算

2015 年 12 月 31 日，甲企业将持有的票面价值 3 000 000 元的债券按规定转换为公司面值 1 元的普通股股票，转换价格 1.5 元。该可转换公司债券发行时权益成分的公允价值为 500 000 元，至转换日，债券尚未调整的利息金额为 18 650 元，应计利息 150 000 元。编制的会计分录如下。

| | 借方 | 贷方 |
|---|---|---|
| 借：应付债券——可转换债券——面值 | 3 000 000 | |
| ——应计利息 | 150 000 | |
| 资本公积——其他资本公积 | 500 000 | |
| 贷：股本——法人股本 | | 2 000 000 |
| 资本公积——其他资本公积 | | 1 631 350 |
| 应付债券——可转换债券——利息调整 | | 18 650 |

## 6.2.3 长期应付款核算规范与演练

（1）长期应付款的核算规范

长期应付款，是指企业除长期借款和应付债券以外的其他各种长期应付款项。包括以分期付款方式购入固定资产和无形资产发生的应付账款、应付融资租入固定资产的租赁费等。

“长期应付款”科目贷方核算购入有关资产超过正常信用条件延期支付价款、实质上具有融资性质的购买价款和融资租入固定资产的应付融资租赁款；借方核算按期支付的购买价款以及按期支付的融资租赁费；期末余额在贷方，反映尚未支付的各种长期应付款。

“未确认融资费用”科目贷方核算企业采用实际利率法计算确定当期的利息费用；借方核算以分期付款方式购入固定资产和无形资产以及融资租入固定资产产生的未确认融资费用；期末余额在借方，反映企业未确认融资费用的摊余价值。

长期应付款的核算规范如表 6-15 所示。

**表 6-15 长期应付款的核算规范**

| 核算事项 | 核算规范 |
|---|---|
| 以分期付款方式购入资产 | 企业购入有关资产超过正常信用条件延期支付价款、实质上具有融资性质的，应按购买价款现值，借记“固定资产”“在建工程”“无形资产”“研发支出”等科目，按应支付的金额，贷记“长期应付款”科目，按其差额，借记“未确认融资费用”科目 |
| 融资租入固定资产形成的长期应付款 | 融资租入固定资产，在租赁期开始日，应按租赁准则确定的应计入固定资产成本的金额，借记“在建工程”或“固定资产”科目，按最低租赁付款额，贷记“长期应付款——应付融资租入固定资产租赁费”科目，按发生的初始直接费用，贷记“银行存款”等科目，按其差额，借记“未确认融资费用”科目 |
| 支付购买价款和融资租赁费 | 按期支付融资租赁费用时，借记“长期应付款——应付融资租入固定资产租赁费”科目，贷记“银行存款”科目 |
| 计提融资租赁资产折旧 | 计提折旧时，借记“制造费用”“生产成本”等科目，贷记“累计折旧”等科目 |

续表

| 核算事项 | 核算规范 |
| --- | --- |
| 未确认融资费用的摊销 | 未确认融资费用，是因为融资租入资产和长期借款等，在租赁各期内分摊的未实现的融资费用，可以说是由于融资而应承担的利息支出在租赁期内的分摊。它是长期应付款的备抵科目。在计算各期摊销的未确认融资费用的时候，采用的计算公式是：（长期应付款余额－未确认融资费用余额）×实际利率<br>企业融资租入的固定资产，在租赁期开始日，按应计入固定资产成本的金额（租赁开始日租赁资产公允价值与最低租赁付款额现值两者中较低者，加上初始直接费用），借记"在建工程（或固定资产）——未确认融资费用（差额）"，贷记"长期应付款（按最低租赁付款额）——银行存款（初始直接费用）"；未确认融资费用在各个租赁期进行分摊。按照实际利率法，借记"财务费用"，贷记"未确认融资费用" |

（2）长期应付款的核算演练

## 演练 6-50：以分期付款方式购入资产的核算

2016 年 4 月 1 日，甲企业采用分期付款方式购入一套 ERP 软件，整套售价 1 500 000 元，合同约定分 3 年等额支付 500 000 元，同期银行市场利率为 5%，经计算购买价款的现值为 1 200 000 元。编制的会计分录如下。

借：无形资产　　1 200 000
　　未确认融资费用　　300 000
　贷：长期应付款　　1 500 000

## 演练 6-51：融资租入固定资产形成的长期应付款的核算

2016 年 1 月 1 日，甲企业与丁公司签订了一份融资租赁合同：该企业自合同签订之日起租用丁公司大型检修设备一套，期限 3 年，年利率 8%；从承租日期，甲企业每年末向丁公司支付租金 1 000 000 元；该设备起租日公允价值 2 000 000 元；从 2016 年开始，甲企业须以设备年收入的 12%向丁公司支付经营分享收入；合同到期日，该检修设备退还丁公司。编制的会计分录如下。

借：固定资产——融资租入　　2 000 000
　　未确认融资费用　　1 000 000
　贷：长期应付款——应付融资租入固定资产租赁费　　3 000 000

## 演练 6-52：支付购买价款和融资租赁费的核算

2016 年 12 月 31 日，甲企业支付同年 1 月 1 日融资租入资产的租金 1 000 000 元，该租入设备在 2016 年的收入为 10 000 000 元，对上述设备进行相关会计处理。

支付融资租赁费，编制的会计分录如下。

借：长期应付款——应付融资租入固定资产租赁费　　1 000 000
　贷：银行存款　　1 000 000

### 演练 6-53：计提融资租赁资产折旧的核算

2016 年 12 月 31 日，甲企业按合同期限年限平均法摊销租入设备折旧 90 000 元。编制的会计分录如下。

| | 借方 | 贷方 |
|---|---|---|
| 借：制造费用 | 90 000 | |
| 　　贷：累计折旧 | | 90 000 |

### 演练 6-54：未确认融资费用的摊销核算

2016 年 1 月 1 日，甲企业与乙公司签订一份融资租赁合同：自合同签订之日起租用乙公司设备一套，期限为 5 年，每年年末支付租金 120 000 元，期满该设备归该企业出租人，内含利率 6%；该设备起租日公允价值为 520 000 元。编制的会计分录如下。

| | 借方 | 贷方 |
|---|---|---|
| 借：固定资产——融资租入 | 520 000 | |
| 　　未确认融资费用 | 80 000 | |
| 　　贷：长期应付款——应付融资租入固定资产租赁费 | | 600 000 |

2016 年 12 月 31 日，支付第一笔租金并摊销融资费用，编制的会计分录如下。

| | 借方 | 贷方 |
|---|---|---|
| 借：长期应付款——应付融资租入固定资产租赁费 | 120 000 | |
| 　　贷：银行存款 | | 120 000 |
| 借：财务费用 | 31 200 | |
| 　　贷：未确认融资费用 | | 31 200 |

Chapter 07

# 实账演练——所有者权益类业务核算

## 7.1 实收资本核算规范与演练

### 7.1.1 一般性企业实收资本的核算规范与演练

（1）一般性企业实收资本的核算规范

实收资本是指投资者通过投资所形成的法定资本的价值。投资者可以用现金投资，也可以用非现金资产投资。

“实收资本”科目的贷方核算收到各投资者按投资者章程规定的出资额，借方核算按规定减少投资或归还投资的数额，期末余额在贷方，反映企业实有的资本数额。

实收资本有关业务的核算规范如表 7-1 所示。

**表 7-1 实收资本有关业务的核算规范**

| 核算事项 | 核算规范 |
| --- | --- |
| 投资者投入资本 | 投资者以现金投入的资本，应以实际收到或者存入企业开户银行的金额，借记“银行存款”科目，贷记“实收资本”或“资本公积”科目 |
| | 投资者以非现金资产投入的资本，应按投资协议（或合同）确认的价值，借记“原材料”等有关资产科目，贷记“实收资本”科目，投资者投入资产的价值超过协议出资额的差额，贷记“资本公积”科目 |
| | 企业收到投资者以外币投入的资本，采用交易日即期汇率折算成人民币，确认为实收资本。借记“银行存款”科目，贷记“实收资本”科目 |
| 减少资本 | 实收资本减少，按其减少的金额，借记“实收资本”科目，贷记“银行存款”等科目 |

（2）一般性企业实收资本的核算演练

**演练 7-1：以现金投入资本的核算**

2016 年 7 月 1 日，甲企业收到乙企业投入的货币资金 40 000 000 元，乙企业在该企业注册资本中协议的份额为 38 000 000 元，款项已存入银行。编制的会计分录如下。

借：银行存款　　40 000 000
　　贷：实收资本——乙企业　　38 000 000
　　　　资本公积——资本溢价　　2 000 000

### 演练 7-2：以非现金投入资本的核算

2016 年 7 月 4 日，甲企业收到丙企业投入的运输设备，投资协议确认的价值为 2 800 000元，增值税为 476 000 元。编制的会计分录如下。

借：固定资产——生产经营用——运输设备　　3 276 000
　　贷：实收资本——丙企业　　3 276 000

### 演练 7-3：以外币投入资本的核算

2016 年 7 月 10 日，甲企业收到外商投入的外币 1 000 000 美元，假定当日的即期汇率为 1 美元＝6.3 元人民币。编制的会计分录如下。

借：银行存款——美元户　　6 300 000
　　贷：实收资本——外商资本　　6 300 000

### 演练 7-4：实收资本减少的核算

2016 年 7 月 16 日，甲企业因经营不善，缩小规模，经批准减资 600 000 元，编制的会计分录如下。

借：实收资本　　600 000
　　贷：银行存款　　600 000

## 7.1.2 外商投资企业实收资本的核算规范与演练

（1）外商投资企业实收资本的核算规范

外商投资企业投入资本的方式包括现金投资、实物出资、无形资产出资、场地使用权出资。这几种投资方式的核算规范如表 7-2 所示。

**表 7-2　外商投资企业实收资本有关业务的核算规范**

| 核算事项 | 核算规范 |
| --- | --- |
| 现金投资的核算 | 外方投资人须以外币投入企业，按照会计准则的规定，以人民币为记账本位币，外方投资人投入外币时，应按照当日或当月 1 日公布的外汇牌价折合成人民币记入有关资产账户，按合同约定的汇率折成人民币记入“实收资本”账户，其差额记入“资本公积——外币折算差额”账户 |
| 实物资产投资的核算 | 外商投资企业的投资人以房屋、建筑物、机器设备、材料物资等实物资产投资的，其作价由投资经营各方按照公平合理的原则协商确定，或者聘请投资各方同意的第三者评定，借记“固定资产”账户，贷记“实收资本——外方”账户 |
| 无形资产出资的核算 | 外方以专利权、专有技术等无形资产投资时，企业应按合同商定的价值和实际收到无形资产的日期，借记“无形资产”账户，贷记“实收资本——外方”账户 |

（2）外商投资企业实收资本的核算演练

### 演练 7-5：外商以现金投资的核算

2016 年 2 月中方甲企业和外方乙企业合资开办丙企业，双方决定注册资本 20 000 000

美元。甲企业占40%，乙企业占60%。甲企业投入人民币64 000 000元，乙企业投入12 000 000美元。合同约定的美元汇率1∶6.30。该合资企业以当日的美元汇率为记账汇率。2月4日甲企业投入人民币24 000 000元，当日美元汇率为1∶6.31；2月14日甲企业投入人民币40 000 000元，当日美元汇率1∶6.30；2月18日乙企业投入8 000 000美元，当日的美元汇率为1∶6.31；2月25日乙企业投入4 000 000美元，当日的美元汇率为1∶6.30。

2月4日收到甲企业投入人民币时，编制的会计分录如下。

借：银行存款——人民币　　24 000 000
　贷：实收资本——中方　　24 000 000

2月14日收到甲企业投入人民币时，编制的会计分录如下。

借：银行存款——人民币　　40 000 000
　贷：实收资本——中方　　40 000 000

2月18日收到乙企业投入美元时，编制的会计分录如下。

借：银行存款——美元（US ＄8 000 000×6.31）　　50 480 000
　贷：实收资本——外方（US ＄8 000 000×6.30）　　50 400 000
　　资本公积——外币资本折算差额　　80 000

2月25日收到乙企业投入美元时，编制的会计分录如下。

借：银行存款——美元（US ＄4 000 000×6.30）　　25 200 000
　贷：实收资本——外方（US ＄4 000 000×6.30）　　25 200 000

## 演练 7-6：外商以实物资产投资的核算

某外商投资企业某日收到外方投入新设备一台，其有关凭证上列示的发票价、运保费等共计600 000美元，经验收合格投入使用。当日的美元汇率为1∶6.35，双方约定的美元汇率为1∶6.30。编制的会计分录如下。

借：固定资产——生产经营用固定资产　　3 810 000
　贷：实收资本——外方（US ＄6 000 000×6.30）　　3 780 000
　　资本公积——外币资本折算差额　　30 000

## 演练 7-7：外商以无形资产投资的核算

某外商投资企业由外方投入一项专有技术，经审查专有技术符合原合同规定的技术先进性、有效性，经双方合理评价和鉴定，专有技术价值100 000美元，收到无形资产的当日美元汇率为1∶6.33，与合同约定的美元汇率相同。编制的会计分录如下。

借：无形资产——专有技术（US ＄100 000×6.33）　　633 000
　贷：实收资本——外方（US ＄10 000×6.33）　　633 000

### 7.1.3 股份有限公司的股本核算规范与演练

股本是指股份有限公司通过股份集资而形成的资本，企业的股本应当在核定的股本总额及核定的股份总额范围内通过发行股票取得。“股本”科目的贷方核算企业股本的取得或增加，股本的取得或增加主要包括在境内与境外发行股票、用资本公积或盈余公积转增股本、发行股票股利、可转换债券转为股本等；借方核算企业股本的减少，主要包括股本的注销和股票的回购；期末余额在贷方，反映企业实有的股本总额。

股份有限公司股本的核算事项包括股票发行、股本增加和股本减少。

（1）股票发行的核算规范与演练

① 股票发行的核算规范。

股票发行的核算规范如表7-3所示。

表7-3 股票发行有关业务的核算规范

| 核算事项 | | 核算规范 |
|---|---|---|
| 股票发行 | 内资企业发行股票 | 在收到现金等资产时，按实际收到金额，借记“银行存款”等科目，按股票面值和核定股份总额的乘积计算的金额，贷记“股本”科目，按其差额贷记“资本公积——股本溢价”科目 |
| | 相关的手续费、佣金等交易费用 | 与发行权益性证券直接相关的手续费、佣金等交易费用，借记“资本公积——股本溢价”科目等，贷记“银行存款”等科目 |
| | 境外上市公司以及在境内发行外资股 | 收到股票时，按收到股票当日的汇率折合的人民币金额，借记“银行存款”等科目，按股票面值与核定股份总额的乘积计算的金额，贷记“股本”科目，按收到股款当日的汇率折合的人民币金额与按人民币计算的股票面值总额的差额，贷记“资本公积——股本溢价”科目 |

② 股票发行的核算演练。

**演练 7-8：企业发行股票的核算**

2016年1月1日，甲企业按面值1元发行普通股股票1 000 000股。编制的会计分录如下。

| | 借方 | 贷方 |
|---|---|---|
| 借：银行存款 | 1 000 000 | |
| 　　贷：股本——个人股本 | | 1 000 000 |

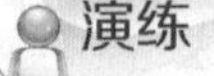

**演练 7-9：发行股票交易费用的核算**

2016年1月7日，乙企业委托证券公司代理发行普通股股票1 000 000股，每股面值1元，按每股3元溢价发行，证券公司按发行收入的1%收取手续费。编制的会计分录如下。

| | 借方 | 贷方 |
|---|---|---|
| 借：银行存款 | 3 000 000 | |
| 　　贷：股本——个人股本 | | 1 000 000 |
| 　　　　资本公积——股本溢价 | | 2 000 000 |
| 借：资本公积——股本溢价 | 30 000 | |
| 　　贷：银行存款 | | 30 000 |

### 演练 7-10：发行外资股的核算

2016 年 1 月 9 日，丙企业发行 N 股 200 000 股，每股面值 10 美元，发行价每股 13 美元，假设当日的即期汇率为 1 美元=7 元人民币。编制的会计分录如下。

借：银行存款——外币　　18 200 000
　　贷：股本——个人股本　　14 000 000
　　　　资本公积——股本溢价　　4 200 000

（2）股本增加的核算规范与演练

① 股本增加的核算规范。

企业股本的增加，主要包括投资者投入的资本、资本公积转增股本、盈余公积转增股本、发放股票股利和可转换公司债券转为股本等。

企业股本增加具体的核算规范如表 7-4 所示。

**表 7-4　企业股本增加有关业务的核算规范**

| 核算事项 | 核算规范 |
|---|---|
| 资本公积转增股本 | 企业用资本公积或盈余公积转增股本时，借记“资本公积”“盈余公积”科目，贷记“股本”科目 |
| 盈余公积转增股本 | |
| 发放股票股利 | 股东大会批准的利润分配方案中应分配的股票股利，应在办理增资手续后，按企业规定的核算办法，借记“利润分配”科目，贷记“股本”科目 |
| 可转换债券转为股本 | 按可转换公司债券的余额，借记“应付债券——可转换公司债券（面值、利息调整）”科目，按其权益成分的金额，借记“资本公积——其他资本公积”科目，按股票面值和转换的股数计算的股票面值总额贷记“股本”科目，按其差额贷记“资本公积——股本溢价”科目。如用现金支付不可转换股票的部分，还应贷记“银行存款”等科目 |
| 重组债务转为资本 | 应按重组债务的账面价值，借记“应付账款”等科目，按债权人放弃债权而享有本企业股票的面值总额，贷记“股本”科目，按股份的公允价值总额与相应的实收资本或股本之间的差额，贷记或借记“资本公积——资本溢价或股本溢价”科目，按重组债务的账面价值与股份的公允价值总额之间的差额，贷记“营业外收入——债务重组利得”科目 |

② 股本增加的核算演练。

### 演练 7-11：资本公积转增资本的核算

甲企业 2016 年 1 月 21 日，经股东大会批准，用公积金中的股本溢价款 4 000 000 元转增资本。编制的会计分录如下。

借：资本公积——股本溢价　　4 000 000
　　贷：股本　　4 000 000

### 演练 7-12：盈余公积转增资本的核算

甲企业 2016 年 1 月 24 日，经股东大会批准，将法定盈余公积 14 000 000 元转增资本。编制的会计分录如下。

| 科目 | 借方 | 贷方 |
| --- | --- | --- |
| 借：盈余公积——法定盈余公积 | 14 000 000 | |
| 贷：股本 | | 14 000 000 |

## 演练 7-13：发行股票股利的核算

2016 年 1 月 27 日，甲企业将发行在外的面值为 40 元的普通股 10 000 000 股。实施 10 送 2 的股票股利分配方案。编制的会计分录如下。

股本的入账价值＝40×10 000 000×2＝80 000 000(元)

| 科目 | 借方 | 贷方 |
| --- | --- | --- |
| 借：利润分配——转作股本的普通股股利 | 80 000 000 | |
| 贷：股本 | | 80 000 000 |

## 演练 7-14：可转换债券转为股本的核算

2016 年 2 月 1 日，甲企业同意债券持有人将 30 000 张可转换债券转换成普通股，每张债券的面值为 100 元，股票的每股面值为 1 元。规定的转换比率为 1∶5（即 1 张债券转换 5 张股票），该批债券的发行日为 2015 年 2 月 1 日，到期日为 2016 年 2 月 1 日，票面利率为 8%，当时的债券发行价格为每张 110 元，溢价采用实际利率法每年摊销一次。编制的会计分录如下。

| 科目 | 借方 | 贷方 |
| --- | --- | --- |
| 借：银行存款 | 3 300 000 | |
| 贷：应付债券——可转换债券——债券面值 | | 3 000 000 |
| 应付债券——利息调整 | | 300 000 |
| 借：应付债券——利息调整 | 300 000 | |
| 贷：应付债券——应计利息 | | 240 000 |
| 财务费用 | | 60 000 |
| 借：应付债券——可转换债券——债券面值 | 3 000 000 | |
| ——应计利息 | 240 000 | |
| 贷：股本 | | 150 000 |
| 资本公积——股本溢价 | | 3 090 000 |

## 演练 7-15：重组债务转为资本的核算

2016 年 3 月 1 日，甲企业应付乙企业账款的账面余额为 8 000 000 元。由于企业发生财务困难无法按期偿还，经双方协商，甲企业以 1 000 000 股普通股股票，面值每股 1 元抵偿该项债务，股票市价为每股 6.6 元，印花税税率为 0.1%，不考虑其他税费。编制的会计分录如下。

| 科目 | 借方 | 贷方 |
| --- | --- | --- |
| 借：应付账款——乙企业 | 8 000 000 | |
| 贷：股本 | | 1 000 000 |
| 资本公积——股本溢价 | | 5 600 000 |
| 营业外收入——债务重组利得 | | 1 400 000 |
| 借：管理费用——印花税 | 6 600 | |
| 贷：银行存款 | | 6 600 |

（3）股本减少的核算规范与演练

① 股本减少的核算规范。

企业按法定程序报经批准减少注册资本的，借记“股本”科目，贷记“银行存款”等科目。

股份有限公司采用收购本企业股票方式减资的，按注销股票的面值总额减少股本，购回股票支付的价款超过面值总额的部分，应依据冲减资本公积和留存收益，借记“股本”“资本公积”“盈余公积”“利润分配——未分配利润”科目，贷记“银行存款”科目；购回股票支付的价款低于面值总额的，应按股票面值总额，借记“股本”科目，按实际支付的金额，贷记“银行存款”科目，按其差额，贷记“资本公积——股本溢价”科目。

② 股本减少的核算演练。

**演练 7-16：采用收购本公司股票方式减少股本的核算**

2016 年 1 月 14 日，甲企业由于经营规模缩小，资本过剩，经批准采用收购本公司股票方式缩减资本 300 000 股，公司原发行股票每股面值 2 元，发行价为每股 3 元，公司以每股 4 元的价格收购该股票，至缩减资本时，公司已提取的盈余公积结余为 200 000 元，未分配利润结余为 500 000 元。编制的会计分录如下。

| | | |
|---|---|---|
| 借：库存股 | 1 200 000 | |
| 　　贷：银行存款 | | 1 200 000 |
| 借：股本 | 600 000 | |
| 　　资本公积——股本溢价 | 300 000 | |
| 　　盈余公积——法定盈余公积 | 200 000 | |
| 　　利润分配——未分配利润 | 100 000 | |
| 　　贷：银行存款 | | 1 200 000 |

**演练 7-17：收购股票价格低于面值总额的核算**

2016 年 1 月 19 日，乙企业由于经营规模缩小，资本过剩，经批准采用收购本公司股票方式缩减资本 200 000 股，公司原发行股票每股面值 11 元，公司以每股 9 元的价格收购该股票。编制的会计分录如下。

| | | |
|---|---|---|
| 借：股本 | 2 200 000 | |
| 　　贷：银行存款 | | 1 800 000 |
| 　　　　资本公积——股本溢价 | | 400 000 |

# 7.2 资本公积核算规范与演练

## 7.2.1 股本（或资本）溢价核算规范与演练

（1）股本（或资本）溢价的核算规范

股本溢价，是指股份有限公司在股票溢价发行的情况下，股东所缴股款超过所购股票面值总额以上的溢价收入，发行股票发生的相关手续费、佣金、股票印制成本等支出从溢价收入中抵消，抵消后剩余的溢价收入作为股本溢价。

资本溢价，是指有限责任公司的公司投资者投入的资金超过其在注册资本中所占份额的部分。

企业收到投资者投入的资本，应借记“银行存款”“其他应收款”“固定资产”“无形资产”等科目，按其在注册资本或股本中所占份额，贷记“实收资本”或“股本”科目，按其差额，贷记“资本公积——资本溢价或股本溢价”科目。与发行权益性证券直接相关的手续费、佣金等交易费用，借记“资本公积——股本溢价”科目，贷记“银行存款”等科目。

(2) 股本（或资本）溢价的核算演练

**演练 7-18：企业收到投资者投入资本的核算**

2016 年 2 月 3 日，甲企业委托某证券公司代理发行普通股 15 000 000 股，每股面值 1 元，按每股 3.5 元的价格发行，公司与该证券公司约定，按发行收入的 3%收取手续费，并从发行收入中扣除，收到的股款已存入银行。编制的会计分录如下。

发行手续费＝3.5×15 000 000×3%＝1 575 000(元)

银行存款的入账价值＝15 000 000×3.5－1 575 000＝50 925 000(元)

资本公积的入账价值＝50 925 000－1 575 000＝49 350 000(元)

| | | |
|---|---|---|
| 借：银行存款 | 50 925 000 | |
| 　　贷：股本——个人股本 | | 1 575 000 |
| 　　　　资本公积——股本溢价 | | 49 350 000 |

### 7.2.2 其他资本公积的核算规范与演练

(1) 其他资本公积的核算规范

公司的长期股权投资采用权益法核算的，在持股比例不变的情况下，被投资者单位除净损益以外所有者权益的其他变动，公司按持股比例计算应享有的份额，借记“长期股权投资——所有者权益其他变动”科目，贷记“资本公积——其他资本公积”科目。

(2) 其他资本公积的核算演练

**演练 7-19：其他资本公积的核算**

2016 年 7 月 29 日，甲企业以银行存款购入乙企业 30%的股份且计划长期持有。实际投资成本 60 000 000 元。2016 年 12 月 20 日，乙企业因评估增值其所有者权益增加了 3 000 000元。编制的会计分录如下。

| | | |
|---|---|---|
| 借：长期股权投资——所有者权益其他变动 | 900 000 | |
| 　　贷：资本公积——其他资本公积 | | 900 000 |

### 7.2.3 资本公积转增资本核算规范与演练

（1）资本公积转增资本的核算规范

企业经股东大会或类似机构决议，用资本公积转增资本，借记“资本公积——资本溢价”（有限责任公司）或“资本公积——股本溢价”股份有限公司科目，贷记“实收资本”或“股本”科目。

（2）资本公积转增资本的核算演练

**演练 7-20：资本公积转增资本的核算**

2016 年 7 月 31 日，甲企业经股东大会批准，用资本公积中的股本溢价 15 000 000 元转增资本。编制的会计分录如下。

| | | |
|---|---|---|
| 借：资本公积——股本溢价 | 15 000 000 | |
| 　　贷：股本 | | 15 000 000 |

## 7.3 盈余公积核算规范与演练

### 7.3.1 盈余公积提取的核算规范与演练

（1）盈余公积提取的核算规范

企业提取盈余公积时，借记“利润分配——提取法定盈余公积”“利润分配——提取任意盈余公积”科目，贷记“盈余公积——法定盈余公积”“盈余公积——任意盈余公积”科目。

外商投资企业提取的储备基金、企业发展基金，借记“利润分配——提取储备基金”“利润分配——提取企业发展基金”科目，贷记“盈余公积——储备基金”“盈余公积——企业发展基金”“应付职工薪酬”等科目。

（2）盈余公积提取的核算演练

**演练 7-21：内资企业盈余公积提取的核算**

甲内资企业，2016 年度实现净利润 40 000 000 元，公司董事会决定提取 10%的净利润作为法定盈余公积，提取 8%的净利润作为任意盈余公积。编制的会计分录如下。

| | | |
|---|---|---|
| 借：利润分配——提取法定盈余公积 | 4 000 000 | |
| 　　　　　——提取任意盈余公积 | 3 200 000 | |
| 　　贷：盈余公积——法定盈余公积 | | 4 000 000 |
| 　　　　　　　　——任意盈余公积 | | 3 200 000 |

**演练 7-22：外商投资企业盈余公积提取的核算**

乙外商投资企业，2016 年度实现净利润 30 000 000 元，按净利润的 10%和 5%分别提取储备基金和企业发展基金。编制的会计分录如下。

借：利润分配——提取储备基金　　3 000 000
　　　　　　——提取企业发展基金　　1 500 000
　贷：盈余公积——储备基金　　3 000 000
　　　　　　——企业发展基金　　1 500 000

### 7.3.2 盈余公积弥补亏损的核算规范与演练

（1）盈余公积弥补亏损的核算规范

企业经股东大会决议，用盈余公积弥补亏损时，借记“盈余公积”科目，贷记“利润分配——盈余公积补亏”“实收资本”“股本”科目。外商投资企业经批准用储备基金弥补亏损时，借记“盈余公积——储备基金”等科目，贷记“利润分配——其他转入”科目。

（2）盈余公积弥补亏损的核算演练

**演练 7-23：内资企业盈余公积弥补亏损的核算**

甲内资企业，2016 年 8 月 18 日经股东大会批准，用法定盈余公积 5 000 000 元弥补以前年度亏损。编制的会计分录如下。

借：盈余公积——法定盈余公积　　5 000 000
　贷：利润分配——盈余公积补亏　　5 000 000

**演练 7-24：外商投资企业盈余公积弥补亏损的核算**

乙外商投资企业，2016 年 12 月 7 日经批准用储备基金 6 000 000 元弥补亏损。编制的会计分录如下。

借：盈余公积——储备基金　　6 000 000
　贷：利润分配——盈余公积补亏　　6 000 000

### 7.3.3 新股或股利派送的核算规范与演练

（1）新股或股利派送的核算规范

企业经股东大会决议，用盈余公积派送新股时，按派送新股计算的金额，借记“盈余公积”科目，按股票面值和派送新股总数计算的金额，贷记“股本”科目，如有差额，贷记“资本公积——股本溢价”科目。

企业经股东大会或类似机构决议，用盈余公积分配现金股利或利润时，借记“盈余公积”科目，贷记“应付股利”科目。

（2）新股或股利派送的核算演练

**演练 7-25：用盈余公积派送新股的核算**

2016 年 8 月 27 日按 10 送 1 的方案用盈余公积派送新股，参照股票市价确定的派送价格为每股 12 元，股票面值为 1 元，派送前的普通股总数为 10 000 000 股，在派送新股所需的资金中，8 000 000 元动用的是法定盈余公积，另 4 000 000 元动用的是任意盈余公积。编制的会计分录如下。

借：盈余公积——法定盈余公积　　8 000 000
　　　　　　——任意盈余公积　　4 000 000
　贷：股本　　1 000 000
　　　资本公积——股本溢价　　11 000 000

**演练 7-26：用盈余公积分配现金股利或利润的核算**

2016 年 8 月 30 日，甲企业经股东大会批准，决定用任意盈余公积分派现金股利 3 000 000 元。编制的会计分录如下。

借：盈余公积——任意盈余公积　　3 000 000
　贷：应付股利——现金股利　　3 000 000

### 7. 3. 4 盈余公积转增资本的核算规范与演练

（1）盈余公积转增资本的核算规范

企业经股东大会或董事会的批准将盈余公积转增资本，借记“盈余公积”科目，贷记“股本”或“实收资本”科目；外商投资企业经批准将盈余公积用于转增资本，借记“盈余公积”科目，贷记“实收资本”科目。

（2）盈余公积转增资本的核算演练

**演练 7-27：内资企业盈余公积转增资本的核算**

2016 年 11 月 21 日，甲内资企业经批准将盈余公积 20 000 000 元转增资本。编制的会计分录如下。

借：盈余公积——法定盈余公积　　20 000 000
　贷：股本　　20 000 000

**演练 7-28：外商投资企业盈余公积转增资本的核算**

2016 年 12 月 11 日，乙外商投资企业经批准用企业发展基金 3 000 000 元转增资本。编制的会计分录如下。

借：盈余公积——企业发展基金　　3 000 000
　贷：实收资本　　3 000 000

Chapter 08

# 第8章 实账演练——收入业务核算

## 8.1 销售商品及提供劳务收入核算规范与演练

### 8.1.1 销售商品收入的核算规范与演练

（1）销售商品收入的核算规范

企业的销售商品收入，应通过“主营业务收入”科目进行核算。“主营业务收入”科目贷方核算企业销售商品或提供劳务实现的收入，借方核算已结转的主营业务收入以及发生的销售退回或销售折让冲减的营业收入。期末，应将“主营业务收入”科目的余额转入“本年利润”科目，结转后“主营业务收入”科目应无余额。

销售商品收入具体的核算规范如表8-1所示。

表8-1 销售商品收入的核算规范

| 核算事项 | 核算规范 |
|---|---|
| 销售商品的收入 | 应按实际收到或应收金额，借记“银行存款”“应收账款”“应收票据”等科目，按确认的营业收入，贷记“主营业务收入”科目。涉及增值税销项税额的，还应进行相应处理 |
| 发生现金折扣 | 应按实际收到金额和折扣金额，借记“银行存款”“财务费用”等科目，贷记“应收账款”科目 |
| 发生销售退回或销售折让 | 按应冲减的营业收入，借记“主营业务收入”科目，按实际支付或应退还的金额，贷记“银行存款”“应收账款”等科目。涉及增值税销项税额的，还应进行相应处理 |
| 售后回购方式销售商品 | ①企业采用售后回购方式融入资金的，应按实际收到的金额，借记“银行存款”科目，贷记“其他应付款”科目<br>②回购价格与原销售价格之间的差额，应在售后回购期间内按期计提利息费用，借记“财务费用”科目，贷记“其他应付款”科目<br>③按合同约定购回该项商品时，应按实际支付金额，借记“其他应付款”科目，贷记“银行存款”科目 |

（2）销售商品收入的核算演练

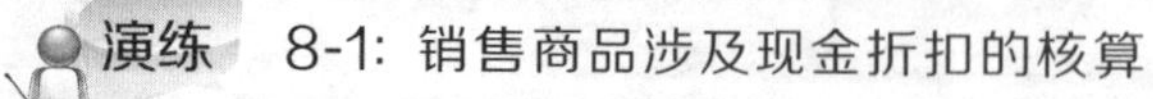


2016年8月1日，甲企业销售一批商品给丁企业，价款为10 000元，增值税为1 700

元，款项已收妥，编制的会计分录如下。

借：银行存款 11 700
　　贷：主营业务收入 10 000
　　　　应交税费——应交增值税（销项税额） 1 700

承上述业务，甲企业为了及时回收资金，开出如下现金折扣条件：2/10、1/20、$n$/30。丁企业在 8 月 19 日汇款给甲企业，甲企业编制的会计分录如下。

借：银行存款 11 600
　　财务费用 100
　　贷：应收账款 11 700

## 演练 8-2: 销售商品涉及商业折扣的核算

2016 年 8 月 2 日，甲企业销售给乙公司 4 000 件商品，售价 2 000 000 元，乙公司认为购买金额较大要求在价格上给予 3%的折扣。编制的会计分录如下。

销售商品收入＝2 000 000－2 000 000×3%＝1 940 000(元)

借：应收账款 2 269 800
　　贷：主营业务收入 1 940 000
　　　　应交税费——应交增值税（销项税额） 329 800

## 演练 8-3: 销售商品发生销售折让的核算

2016 年 8 月 4 日，甲企业销售一批货物给丙企业，价款为 15 000 元，增值税为 2 550 元，2016 年 8 月 7 日，丙企业收到货物后，发现质量不合格，要求甲企业在价格上给予 6%的折让。经查明，2016 年 8 月 9 日，甲企业同意丙企业的要求，并办妥相关手续。

销售实现时，甲企业编制的会计分录如下。

借：应收账款 17 550
　　贷：主营业务收入 15 000
　　　　应交税费——应交增值税（销项税额） 2 550

发生销售折让时，甲企业编制的会计分录如下。

销售折让＝15 000×6%＝900(元)

借：主营业务收入 900
　　应交税费——应交增值税（销项税额） 153
　　贷：应收账款——丙 1 053

实际收到款项时，甲企业编制的会计分录如下。

借：银行存款 16 497
　　贷：应收账款 16 497

### 演练 8-4：销售商品发生销售退回的核算

2016 年 8 月 11 日，甲企业销售一批商品，售价 400 000 元，增值税额 68 000 元，成本 250 000 元。合同规定的现金折扣调减：2/10、1/20、$n$/30。买方于 8 月 20 日付款，享受现金折扣 8 000 元。2016 年 8 月 24 日该批产品因质量不合格被退回。

销售商品时，编制的会计分录如下。

| | | |
|---|---|---|
| 借：应收账款 | 468 000 | |
| 　　贷：主营业务收入 | | 400 000 |
| 　　　　应交税费——应交增值税（销项税额） | | 68 000 |
| 借：主营业务成本 | 250 000 | |
| 　　贷：库存商品 | | 250 000 |

收回货款时，编制的会计分录如下。

| | | |
|---|---|---|
| 借：银行存款 | 460 000 | |
| 　　财务费用 | 8 000 | |
| 　　贷：应收账款 | | 468 000 |

销售退回时，编制的会计分录如下。

| | | |
|---|---|---|
| 借：主营业务收入 | 400 000 | |
| 　　应交税费——应交增值税（销项税额） | 68 000 | |
| 　　贷：银行存款 | | 460 000 |
| 　　　　财务费用 | | 8 000 |
| 借：库存商品 | 250 000 | |
| 　　贷：主营业务成本 | | 250 000 |

### 演练 8-5：售后回购方式销售商品的核算

2016 年 2 月 1 日，甲企业将一批商品销售给了丁公司，销售价格为 2 000 000 元，增值税为 340 000 元，商品销售成本为 1 200 000 元，按照双方协议约定，将该商品销售给丁公司之后甲企业应于 2016 年 6 月 1 日以 2 100 000 元的价格再购回，丁公司按照协议于 2016 年 2 月 1 日支付了购货款，甲企业于 2016 年 6 月 1 日以 2 100 000 元的价格购回了该商品，款项于当日支付。

2016 年 2 月 1 日销售时，编制的会计分录如下。

| | | |
|---|---|---|
| 借：银行存款 | 2 340 000 | |
| 　　贷：库存商品 | | 1 200 000 |
| 　　　　应交税费——应交增值税（销项税额） | | 340 000 |
| 　　　　其他应付款 | | 800 000 |

2016 年 3 月份至 6 月份每月的财务费用，编制的会计分录如下。

财务费用＝(2 100 000－2 000 000)÷5＝20 000(元)

借：财务费用　　20 000
　　贷：其他应付款　　20 000

2016年8月1日回购时，编制的会计分录如下。

借：库存商品　　2 100 000
　　应交税费——应交增值税（进项税额）　　357 000
　　贷：银行存款　　2 457 000
借：其他应付款　　880 000
　　财务费用　　20 000
　　贷：库存商品　　900 000

**演练 8-6：售后租回方式销售商品的核算**

2016年8月26日，甲企业以售后租回方式出售给丁企业一栋宿舍楼，双方约定售价为6 000 000元，租期10年，每年租金800 000元，该宿舍楼的账面原值为5 400 000元，已提折旧540 000元，减值准备240 000元，假定该售后租回交易是按照公允价值达成的，该宿舍楼的公允价值为6 000 000元。编制的会计分录如下。

借：固定资产清理　　4 620 000
　　累计折旧　　540 000
　　固定资产减值准备　　240 000
　　贷：固定资产　　5 400 000
借：银行存款　　6 000 000
　　贷：固定资产清理　　4 620 000
　　　　营业外收入——处置非流动资产利得　　1 380 000

### 8.1.2 提供劳务收入的核算规范与演练

（1）提供劳务收入的核算规范

符合收入确认条件确认的本期劳务收入，按实际收到或应收的价款，借记“银行存款”“应收账款”“应收票据”等科目，按实际的劳务收入，贷记“主营业务收入”等科目，按专用发票上注明的增值税额，贷记“应交税费——应交增值税（销项税额）”科目。

（2）提供劳务收入的核算演练

**演练 8-7：提供劳务收入的核算**

2016年6月5日，甲企业收到B公司转来的转账支票一张，金额500 000元，用以支付定制的客服软件开发票，B公司已开出普通发票一张。编制的会计分录如下。

借：银行存款　　500 000
　　贷：主营业务收入——劳务收入　　42 735.04
　　　　应交税费——应交增值税　　7 264.96

2016 年 1 月 11 日，甲企业销售给 C 公司音响设备一批，销售货款中包括售后服务费 48 000元，服务期为 3 年。2016 年 12 月 31 日确认劳务收入，编制的会计分录如下。

借：应收账款　　16 000
　　贷：主营业务收入——劳务收入　　16 000

# 8.2 建造合同收入的核算规范与演练

## 8.2.1 合同结果能可靠计量时的收入核算规范与演练

（1）合同结果能可靠计量时的收入核算规范

建造合同的结果能够可靠估计，合同收入和合同成本的确认可采用完工百分比法。完工百分比法计算包括如下两步。

① 确定建造合同的完工进度。

$$完工进度=\frac{累计实际发生的合同成本}{合同预计总成本}\times100\%$$

② 根据完工百分比确认合同收入和合同成本。

报告期确认的合同收入＝合同总收入×完工百分比－以前年度累计已确认的收入

报告期确认的合同毛利＝(合同总收入－合同预计总成本）×完工百分比－以前年度累计已确认的毛利

报告确认的合同成本＝报告期确认的合同收入－报告期确认的合同毛利－以前年度以及损失准备

然后根据上述计算结果，确认合同收入和成本，借记“主营业务成本——建造合同成本”“工程施工——毛利”科目，贷记“主营业务收入——建造合同收入”科目。

（2）合同结果能可靠计量时的收入核算演练

**演练　8-8: 合同结果能可靠计量时的收入核算**

2014 年 1 月 1 日，甲企业承建丙企业办公楼工程，到 2016 年 12 月 31 日完工。其合同总金额为 26 000 000 元。甲企业 2014 年 12 月开出建筑业专用发票，计 6 000 000 元。甲企业 2014 年发生实际成本 7 050 000 元，其中材料费 6 600 000 元，应付工资 450 000 元。2014 年 12 月 31 日甲企业收到丙企业汇来的工程款 6 000 000 元。2014 年 12 月 31 日，甲企业确认的合同收入和成本。编制的会计分录如下。

按照完工百分比法，有关计算资料如表 8-2 所示。

**表 8-2　按照完工百分比法的有关计算资料表**

| 合同总金额 | 至本期实际发生成本 | 估计至完工尚须投入成本 | 估计合同总成本 | 估计合同毛利 | 完工百分比 | 至本期累计确认毛利 | 至本期累计确认收入 | 本期应确认收入 | 本期应确认毛利 |
|---|---|---|---|---|---|---|---|---|---|
| 26 000 000 | 7 050 000 | 16 950 000 | 24 000 000 | 2 000 000 | 29.375% | 587 500 | 7 637 500 | 7 637 500 | 587 500 |

借：主营业务成本——建造合同成本 7 050 000
　　工程施工——合同毛利 587 500
　　贷：主营业务收入——建造合同收入 7 637 500

### 8.2.2 合同结果不能可靠计量时的收入核算规范与演练

（1）合同结果不能可靠计量时的收入核算规范

一般分为两种情况，当建造合同结果不能可靠地估计，但合同成本能够收回的实际合同成本确认。合同成本在其发生的当期确认为合同费用；当建造合同结果不能可靠地估计，而且合同成本不能收回，则不确认收入。合同成本在发生期即确认为费用。

（2）合同结果不能可靠计量时的收入核算演练

**演练 8-9：合同结果不能可靠计量时收入的核算**

2014 年 8 月，甲企业承建 A 公司食堂一栋，2016 年全部完工，2014 年实际发生成本 400 000 元。到 2014 年 12 月 31 日该项合同的完工进度无法确定，工程款项已收到。公司按实际发生的成本确认收入和成本。编制的会计分录如下。

借：主营业务成本——建造合同成本 400 000
　　贷：主营业务收入——建造合同收入 400 000

2014 年 8 月，甲企业承建 A 公司宿舍楼一栋，2016 年全部完工，2014 年实际发生成本 1 900 000 元。该工程已经发生的合同成本由于 A 公司无法持续经营，只能收回 1 400 000 元。编制的会计分录如下。

借：主营业务成本——建造合同成本 1 900 000
　　贷：主营业务收入——建造合同收入 1 400 000
　　　　工程施工——合同毛利 500 000

## 8.3 其他业务收入的核算规范与演练

### 8.3.1 其他业务收入核算规范

其他业务收入是指除主营业务收入以外的其他销售或其他业务的收入，如材料销售收入、代购代销收入、无形资产与包装物出租等收入。

“其他业务收入”科目贷方核算实际取得的其他业务收入，借方核算已结转的其他业务收入，期末结转后无余额。

其他业务收入具体的核算规范如表 8-3 所示。

**表 8-3　其他业务收入的核算规范**

| 核算事项 | 核算规范 |
|---|---|
| 确认的其他业务收入 | 发生的其他业务收入如材料销售、技术转让、固定资产出租、运输业务等，按售价和应交的税金，借记“银行存款”“应收账款”等科目，按实现的营业收入，贷记“其他业务收入”科目，按应交税费，贷记“应交税费”科目 |
| 期末结转其他业务收入 | 期末将其他业务收入进行结转，借记“其他业务收入”科目，贷记“本年利润”科目 |

## 8.3.2　其他业务收入核算演练

### 演练　8-10：材料销售收入的核算

2016 年 8 月 23 日，甲企业将生产用的原材料出售给乙企业，材料款为 5 000 元，增值税为 850 元，款项已收到。该批原材料的实际成本为 3 000 元。编制的会计分录如下。

借：银行存款　　5 850
　　贷：其他业务收入　　5 000
　　　　应交税费——应交增值税（销项税额）　　850
借：其他业务成本——材料销售　　3 000
　　贷：原材料——材料　　3 000

### 演练　8-11：代购代销收入的核算

2016 年 8 月 25 日，甲企业应收取代丁公司销售商品的手续费 28 000 元。编制的会计分录如下。

借：应收账款——丁公司　　28 000
　　贷：其他业务收入——其他　　28 000

### 演练　8-12：无形资产与包装物出租收入的核算

2016 年 8 月 27 日，甲企业收到出租经营性固定资产的租金 5 000 元，增值税税率为 3%，编制的会计分录如下。

借：银行存款　　5 150
　　贷：其他业务收入　　5 000
　　　　应交税费——应交增值税　　150

### 演练　8-13：期末结转其他业务收入的核算

2016 年 8 月末，甲企业将其他业务收入 38 000 元，结转到本年利润账户，编制的会计分录如下。

借：其他业务收入　　38 000
　　贷：本年利润　　38 000

# 实账演练——成本和费用核算

## 9.1 产品成本核算规范与演练

### 9.1.1 归集与分配基本生产费用的核算规范与演练

(1) 归集与分配基本生产费用的核算规范

基本生产费用是指企业基本生产车间发生的直接材料费、直接人工费和其他直接费。基本生产车间发生各项直接生产费用，借记“生产成本——基本生产成本”科目，贷记“制造费用”科目。辅助生产车间为基本生产车间提出劳务，借记“生产成本——基本生产成本”科目，贷记“生产成本——辅助生产成本”科目。

期末将归集的产品生产成本，采用一定的方式计算出期末在产品与完工产成品的成本，已完工产成品办理验收入库时，按其实际成本，借记“库存商品”科目，贷记“生产成本——基本生产成本”科目。

(2) 归集与分配基本生产费用的核算演练

**演练 9-1: 归集与分配基本生产成本**

2016 年 10 月 21 日，甲企业基本生产车间领用材料 30 000 元，编制的会计分录如下。

| | | |
|---|---|---|
| 借：生产成本——基本生产成本 | 30 000 | |
| 　贷：原材料 | | 30 000 |

2016 年 10 月 30 日，甲企业汇总本月发生的制造费用共计 45 000 元，其中，基本生产车间发生的制造费用30 000元，辅助生产车间发生的制造费用 15 000 元，编制的会计分录如下。

| | | |
|---|---|---|
| 借：生产成本——基本生产成本 | 30 000 | |
| 　　　　　——辅助生产成本 | 15 000 | |
| 　贷：制造费用 | | 45 000 |

2016 年 10 月末，甲企业分配辅助生产成本 57 000 元，其中分配给基本生产车间30 000元，分配给管理部门 5 000 元，分配给销售部门 8 000 元，分配给其他业务成本 2 000 元，

分配给在建工程 12 000 元，编制的会计分录如下。

借：生产成本——基本生产成本　　30 000
　　管理费用　　5 000
　　销售费用　　8 000
　　其他业务成本　　2 000
　　在建工程　　12 000
　　贷：生产成本——辅助生产成本　　57 000

2016 年 10 月末，甲企业结转完工产品成本 98 000 元，编制的会计分录如下。

借：库存商品　　98 000
　　贷：生产成本——基本生产成本　　98 000

### 9.1.2 归集与分配辅助生产成本的核算规范与演练

（1）归集与分配辅助生产成本的核算规范

辅助生产成本是指制造企业辅助生产车间发生的直接材料、直接人工费和其他直接费。辅助生产车间发生的各项直接生产费用，借记“生产成本——辅助生产成本”科目，贷记“银行存款”“应付职工薪酬”“原材料”等科目。各生产车间应负担的制造费用，借记“生产成本——辅助生产成本”科目，贷记“制造费用”科目。

企业辅助生产车间为基本生产车间、企业管理部门和其他部门提供的劳务和产品，月度终了，应按一定的分配方法分配给各受益对象，借记“生产成本——基本生产成本”“管理费用”“销售费用”“其他业务成本”“在建工程”等科目，贷记“生产成本——辅助生产成本”。

（2）归集与分配辅助生产成本的核算演练

**演练 9-2：归集与分配辅助生产成本**

2016 年 10 月 13 日，甲企业辅助生产车间从仓库领用生产原材料实际成本 230 000 元。编制的会计分录如下。

借：生产成本——辅助生产成本　　230 000
　　贷：原材料——材料　　230 000

2016 年 10 月末进行工资分配，其中辅助生产车间生产工人工资 60 000 元。编制的会计分录如下。

借：生产成本——辅助生产成本　　60 000
　　贷：应付职工薪酬——工资　　60 000

2016 年 10 月 17 日，以转账支票支付电费 10 000 元，其中辅助生产车间 8 000 元，行政管理部门 2 000 元。编制的会计分录如下。

借：制造费用　　8 000
　　管理费用——水电费　　2 000
　　贷：银行存款　　10 000

2016年10月31日将辅助生产车间的制造费用114 000元进行结转。编制的会计分录如下。

借：生产成本——辅助生产成本　114 000
　贷：制造费用　114 000

2016年10月末，将辅助生产成本333 000元进行分配，其中基本生产车间300 000元，在建工程21 000元，其他业务成本8 000元，管理费4 000元。编制的会计分录如下。

借：生产成本——基本生产成本　300 000
　在建工程——建筑工程　21 000
　其他业务成本　8 000
　管理费用——修理费　4 000
　贷：生产成本——辅助生产成本　333 000

### 9.1.3 归集与分配制造费用的核算规范与演练

（1）归集与分配制造费用的核算规范

制造费用使企业生产车间为生产产品和提供劳务而发生的各项间接费用，包括工资和福利费、折旧费、修理费、办公费、水电费、机物料消耗、劳动保护费、季节性和修理期间的停工损失等。

“制造费用”科目借方核算实际发生的制造费用，贷方核算分配结转的制造费用，除季节性生产企业外，期末结转后无余额。

① 发生各项制造费用的核算。车间发生的机物料消耗，借记“制造费用”科目，贷记“原材料”科目。发生的车间管理人员的工资记福利费，借记“制造费用”科目，贷记“应付职工薪酬”科目。车间支付的办公费、修理费、水电费等，借记“制造费用”科目，贷记“银行存款”等科目。如发生季节性和修理期间的停工损失，借记“制造费用”科目，贷记“原材料”“应付职工薪酬”“银行存款”等科目。

② 制造费用分配与结转的核算。会计期末时，应将归集的制造费用采用一定的分配方法分配计入有关成本核算对象，借记“生产成本”“劳务成本”等科目，贷记“制造费用”科目。

（2）发生各项制造费用的核算演练

**演练 9-3：发生各项制造费用的核算**

2016年11月末，甲企业生产车间管理人员的工资为55 000元，编制的会计分录如下。

借：制造费用　55 000
　贷：应付职工薪酬——工资　55 000

2016年11月末，甲企业生产车间计提固定资产折旧为32 000元，编制的会计分录如下。

借：制造费用　32 000
　贷：累计折旧　32 000

2016 年 11 月 10 日，甲企业以银行存款支付生产车间的办公费、水电费 8 000 元，编制的会计分录如下。

借：制造费用　　8 000
　　贷：银行存款　　8 000

演练 9-4：制造费用分配与结转的核算

甲企业第二生产车间生产 A、B 两种产品，A 产品生产工人工时为 600 小时，B 产品生产工人工时为 400 小时，2014 年 11 月末按生产工人工时比例分配本月发生的制造费用 97 890元。编制的会计分录如下。

借：生产成本——基本生产成本（A 产品）　　58 734
　　　　　　——基本生产成本（B 产品）　　39 156
　　贷：制造费用　　97 890

## 9.2 期间费用核算规范与演练

### 9.2.1 销售费用核算规范与演练

（1）销售费用核算规范

销售费用是指企业在销售商品和材料、提供劳务的过程中发生的各项费用，包括运输费、装卸费、包装费、保险费、展览费和广告费、商品维修费、预计产品质量保证损失以及为销售本企业商品而专设的销售机构发生的职工薪酬、业务费、折旧费等经营费用。

“销售费用” 科目借方核算企业实际发生的各项销售费用，贷方核算已结转的销售费用，期末结转后无余额。

销售费用具体的核算规范，如表 9-1 所示。

**表 9-1　销售费用有关业务的核算规范**

| 核算事项 | 核算规范 |
| --- | --- |
| 日常发生的销售费用 | ①企业在销售商品过程中发生的运输费、装卸费、包装费、保险费、展览费和广告费等，借记“销售费用”科目，贷记“银行存款”等科目<br>②企业发生的为销售本企业商品而专设的销售机构的职工工资、福利费、业务费等费用，借记“销售费用”科目，贷记“应付职工薪酬”“银行存款”等科目 |
| 期末结转销售费用 | 期末结转销售费用时，借记“本年利润”科目，贷记“销售费用”科目 |

（2）销售费用核算演练

演练 9-5：日常发生销售费用的核算

2016 年 10 月 1 日，甲企业为销售产品发生的广告费、运输费和装卸费共计 25 000 元，以银行存款支付，编制的会计分录如下。

借：销售费用　　25 000
　贷：银行存款　　25 000

2016 年 10 月 3 日，甲企业支付销售人员 9 月份工资 10 000 元，销售部门计提固定资产折旧 3 000 元，编制的会计分录如下。

借：销售费用——职工薪酬——工资　　13 000
　贷：应付职工薪酬——工资　　10 000
　　累计折旧　　3 000

2016 年 10 月 7 日，甲企业发生以现金支付商品包装费 500 元。编制的会计分录如下。

借：销售费用——包装费　　500
　贷：库存现金　　500

### 演练 9-6：销售费用期末结转的核算

2016 年 12 月末，甲企业结转本月销售费用 245 000 元。编制的会计分录如下。

借：本年利润　　245 000
　贷：销售费用　　245 000

## 9. 2. 2 管理费用核算规范与演练

（1）管理费用核算规范

管理费用是指企业为组织和管理生产经营所发生的各项费用，包括企业在筹建期间内发生的开办费、董事会和行政管理部门在企业的经营管理中发生的或者应由企业统一负担的公司经费、工会经费、董事会费、聘请中介机构费、咨询费、诉讼费等。

“管理费用”科目借方核算企业实际发生的各项管理费用，贷方核算已结转的管理费用，期末结转后无余额。

管理费用具体的核算规范如表 9-2 所示。

**表 9-2　管理费用有关业务的核算规范**

| 核算事项 | 核算规范 |
| --- | --- |
| 筹建期间发生的开办费 | 企业在筹建期间内发生的开办费，包括人员工资、办公费、培训费、差旅费、印刷费、注册登记费以及不计入固定资产成本的借款费用等在实际发生时，借记“管理费用”科目（开办费），贷记“银行存款”等科目 |
| 公司经费 | 公司经费包括管理部门职工薪酬、折旧及修理费、领用的低值易耗品、办公费、差旅费等，这些费用在发生时，借记“管理费用”、贷记“应付职工薪酬”“累计折旧”“原材料”等科目 |
| 提取的工会经费、职工教育经费、各种保险和住房公积金 | 企业应付给行政管理部门职工的待业保险、劳动保险等，按规定计提的应交工会的工会经费与职工教育经费，按规定计提的住房公积金，上述费用在发生时，借记“管理费用”科目，贷记“应付职工薪酬”科目 |
| 董事会费 | 企业发生的董事会会费主要包括董事会成员津贴、会议费和差旅费等，发生董事会费时，借记“管理费用”科目，贷记“银行存款”等科目 |
| 应计入管理费用的税金 | 企业按规定计算出应交的房产税、车船使用税、土地使用税，借记“管理费用”科目，贷记“应交税费”科目，缴纳的印花税，借记“管理费用”科目，贷记“银行存款”科目 |

续表

| 核算事项 | 核算规范 |
| --- | --- |
| 经批准处理的存货盘盈与盘亏 | ①经批准处理盘盈的存货，应冲减当期的管理费用，借记"待处理财产损益——待处理流动资产损益"科目，贷记"管理费用"科目<br>②盘亏的存货，在减去过失人或保险公司等赔款和残料价值之后，计入当期管理费用，借记"管理费用"科目，贷记"待处理财产损益——待处理流动资产损益" |
| 管理费用中的其他支出 | 支付业务招待费、聘请中介机构费、咨询费、咨询费、技术转让费、研制开发费等费用时，借记"管理费用"科目，贷记"银行存款"等科目 |
| 期末结转管理费用 | 期末结转管理费用时，借记"本年利润"科目，贷记"管理费用"科目 |

（2）管理费用核算演练

### 演练 9-7：筹建期间发生开办费的核算

2016 年 10 月 13 日，丁企业在筹建期间发生的办公费等共计 15 000 元，并以银行存款支付，编制的会计分录如下。

借：管理费用——办公费　　15 000
　贷：银行存款　　15 000

### 演练 9-8：公司经费的核算

2016 年 10 月 17 日，甲企业行政管理部门发生的固定资产折旧费用为 4 000 元，日常修理费用为 800 元，以现金支付，编制的会计分录如下。

借：管理费用　　4 800
　贷：累计折旧　　4 000
　　库存现金　　800

### 演练 9-9：提取的工会经费、职工教育经费、各种保险和住房公积金的核算

2016 年 10 月份，甲企业计提基本养老保险费 40 000 元。编制的会计分录如下。

借：管理费用——职工薪酬——劳动保险费　　40 000
　贷：应付职工薪酬——劳动保险费　　40 000

2016 年 10 月份，甲企业计提工会经费 25 000 元、职工教育经费 18 000 元。编制的会计分录如下。

借：管理费用——职工薪酬——工会经费　　25 000
　管理费用——职工薪酬——职工教育经费　　18 000
　贷：应付职工薪酬——工会经费　　25 000
　　应付职工薪酬——职工教育经费　　18 000

### 演练 9-10：董事会费的核算

2016 年 10 月 20 日，甲企业用银行存款支付董事会会议费 19 000 元。编制的会计分录

如下。

借：管理费用——董事会费　　19 000
　　贷：银行存款　　19 000

### 演练 9-11：应计入管理费用税金的核算

2016 年 10 月份，甲企业按规定计算确定的应交房产税为 4 000 元，应交车船税为 2 000 元，应交土地使用税为 3 000 元，编制的会计分录如下。

借：管理费用　　9 000
　　贷：应交税费——应交房产税　　4 000
　　　　　　　　——应交车船税　　2 000
　　　　　　　　——应交土地使用税　　3 000

### 演练 9-12：经批准处理的存货盘盈与盘亏的核算

2016 年 12 月末，甲企业按规定管理权限报经批准对盘盈、盘亏的库存材料进行处理，盘盈的 A 类材料 10 000 元，盘亏的 B 类材料 4 000 元，原材料的盘盈、盘亏都是由于计量错误造成的。编制的会计分录如下。

借：待处理财产损益——待处理流动资产损益　　10 000
　　贷：管理费用——存货盘盈　　10 000
借：管理费用——存货盘亏　　4 000
　　贷：待处理财产损益——待处理流动资产损益　　4 000

### 演练 9-13：管理费用中其他支出的核算

2016 年 10 月 22 日，甲企业用银行存款支出 12 000 元，其中支付业务招待费 3 300 元，支付技术咨询费 8 700 元。编制的会计分录如下。

借：管理费用——业务招待费　　3 300
　　管理费用——咨询费　　8 700
　　贷：银行存款　　12 000

### 9. 2. 3 财务费用核算规范与演练

（1）财务费用核算规范

财务费用是指企业为筹集生产经营所需资金而发生的费用，包括应当作为期间费用的利息支出、汇兑损失以及相关的手续费、企业发生的现金折扣或收到的现金折扣等。

“财务费用”科目借方核算利息费用、银行手续费以及汇兑损失等，贷方核算利息收入、汇兑收益等。期末结转后无余额。

财务费用具体的核算规范如表 9-3 所示。

**表 9-3　财务费用有关业务的核算规范**

| 核算事项 | 核算规范 |
| --- | --- |
| 利息支出与收入 | ①企业发生的利息支出，借记“财务费用”“未确认融资费用”等科目，贷记“银行存款”等科目<br>②发生的应冲减财务费用的利息收入、汇兑损益、现金折扣，借记“银行存款”“应付账款”等科目，贷记“财务费用”科目 |
| 支付银行手续费 | 公司办理银行业务而应支付银行的手续费，借记“财务费用”科目，贷记“银行存款”等科目 |
| 期末结转财务费用 | 期末结转财务费用时，借记“本年利润”科目，贷记“财务费用”科目 |

（2）财务费用核算演练

### 演练　9-14：利息支出与收入的核算

2016 年 10 月 24 日，甲企业用银行存款支付，向银行借入的短期借款利息 80 000 元，编制的会计分录如下。

借：财务费用——利息支出　　80 000
　　贷：应付利息　　80 000

2016 年 10 月 31 日，甲企业收到银行转来银行存款利息 1 500 元，编制的会计分录如下。

借：银行存款　　1 500
　　贷：财务费用　　1 500

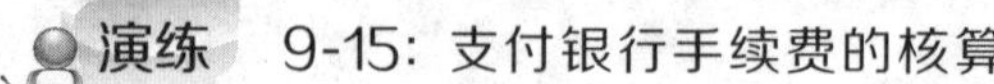

### 演练　9-15：支付银行手续费的核算

2016 年 10 月 27 日，甲企业以银行存款支付银行承兑汇票手续费 1 250 元。编制的会计分录如下。

借：财务费用——银行手续费　　1 250
　　贷：银行存款　　1 250

### 演练　9-16：期末结转财务费用的核算

2016 年 12 月末，甲企业结转本月财务费用 13 000 元，编制的会计分录如下。

借：本年利润　　13 000
　　贷：财务费用　　13 000

Chapter 10

# 实账演练——利润及利润分配核算

## 10.1 利润形成核算规范与演练

### 10.1.1 营业外收入核算规范与演练

(1) 营业外收入核算规范

营业外收入是指企业发生的与日常生产经营活动没有直接关系的各项经济利益的流入。营业外收入主要包括非流动资产处置利得、非货币性资产交换利得、债务重组利得、政府补助、盘盈利得、捐赠利得等。

“营业外收入”科目贷方核算企业发生的各项营业外收入，借方核算期末结转至“本年利润”科目的营业外收入，期末结转后无余额。

营业外收入的具体核算规范如表10-1所示。

表10-1 营业外收入有关业务的核算规范

| 核算事项 | 核算内容 |
| --- | --- |
| 处置固定资产的净收益 | 企业在生产经营期间，固定资产清理所取得的收益，借记“固定资产清理”科目，贷记“营业外收入——处置非流动资产利得”科目 |
| 教育费附加返回与罚款净收入 | ①企业收到的教育费附加返还，借记“银行存款”科目，贷记“营业外收入——政府补助利得”<br>②企业取得的罚款净收入，借记“银行存款”等科目，贷记“营业外收入——罚没利得”科目 |
| 出售无形资产净收益 | 出售无形资产时，应按实际收到的金额，借记“银行存款”等科目，按已计提的累计摊销，借记“累计摊销”科目，原已计提减值准备的，借记“无形资产减值准备”科目，按应支付的相关税费，贷记“应交税费”等科目，按其账面余额，贷记“无形资产”科目，按其差额，贷记“营业外收入——处置非流动资产利得”科目 |
| 月末结转营业外收入 | 企业月末结转营业外收入时，借记“营业外收入”科目，贷记“本年利润”科目 |

(2) 营业外收入核算演练

**演练 10-1：处置固定资产净收益的核算**

2016年11月2日，甲企业出售固定资产净收益10 000元，转入营业外收入。编制的会计分录如下。

借：固定资产清理　　10 000
　　贷：营业外收入　　10 000

### 演练 10-2：教育费附加返还与罚款净收入的核算

2016 年 11 月 3 日，甲企业取得罚款净收入 3 000 元，编制的会计科目如下。

借：银行存款　　3 000
　　贷：营业外收入——罚没利得　　3 000

### 演练 10-3：出售无形资产净收益的核算

2016 年 11 月 5 日，甲企业将拥有的一项专利技术出售，取得收入 170 000 元，应交的增值税为 10 200 元。该专利权的账面余额为 145 670 元，已计提的减值准备为 5 500 元。编制的会计分录如下。

借：银行存款　　170 000
　　无形资产减值准备　　5 500
　　贷：无形资产——专利权　　145 670
　　　　营业外收入——处置非流动资产利得　　19 630
　　　　应交税费——应交增值税　　10 200

### 演练 10-4：月末结转营业外收入的核算

2016 年 11 月末，甲企业将营业外收入 63 254 元转入本年利润，编制的会计分录如下。

借：营业外收入　　63 254
　　贷：本年利润　　63 254

## 10.1.2　营业外支出核算规范与演练

（1）营业外支出核算规范

营业外支出包括非流动资产处置损失、非货币性资产交换损失、债务重组损失、公益性捐赠支出、非常损失、盘亏损失等。

“营业外支出”科目借方核算企业发生的各项营业外支出，贷方核算期末结转至“本年利润”科目的营业外支出，结转后期末无余额。

营业外支出的具体核算规范如表 10-2 所示。

**表 10-2　营业外支出核算规范**

| 核算事项 | 核算规范 |
| --- | --- |
| 处置固定资产与盘亏固定资产净损失 | ①企业在生产经营期间，固定资产清理所发生的净损失，借记“营业外支出——处置非流动资产损失”科目，贷记“固定资产清理”科目<br>②企业在清查财产过程中，查明固定资产盘亏，按规定管理权限报经批准后，借记“营业外支出——其他”科目，贷记“待处理财产损益——待处理非流动资产损益”科目 |

续表

| 核算事项 | 核算规范 |
| --- | --- |
| 出售无形资产净损失 | 出售无形资产时，应按实际收到金额，借记“银行存款”等科目，按已计提累计摊销，借记“累计摊销”科目，原已计提减值准备的，借记“无形资产减值准备”科目，按应支付相关税费，贷记“应交税费”等科目，按其账面余额，贷记“无形资产”科目，按其差额，借记“营业外支出——处置非流动资产损失”科目 |
| 公益性捐赠支出与罚没支出 | 企业发生的公益性捐赠支出、罚没支出，借记“营业外支出”科目，贷记“银行存款”等科目 |
| 存货的非常损失 | 存货发生的非常损失，按规定管理权限报经批准后，借记“营业外支出——非常损失”科目，贷记“待处理财产损益——待处理流动资产损益”科目 |
| 月末结转营业外支出 | 月末结转营业外支出时，借记“本年利润”科目，贷记“营业外支出”科目 |

（2）营业外支出核算演练

**演练 10-5：处置固定资产与盘亏固定资产净损失的核算**

2016 年 11 月 7 日，甲企业报废的固定资产处理后产生的净损失 4 000 元，按规定管理权限报经批准后予以转销。编制的会计分录如下。

借：营业外支出——处置非流动资产损失　　4 000
　　贷：固定资产清理　　4 000

2016 年 11 月 9 日，甲企业固定资产盘亏净损失 6 000 元，按规定管理权限报经批准后予以转销。编制的会计分录如下。

借：营业外支出——其他　　6 000
　　贷：待处理财产损益　　6 000

**演练 10-6：出售无形资产净损失的核算**

2016 年 11 月 13 日，甲企业将一项专利权出售，取得收入 125 000 元，应交的增值税为 7 500 元。该专利权的账面余额为 156 470 元，已计提的减值准备为 4 800 元。编制的会计分录如下。

借：银行存款　　125 000
　　无形资产减值准备　　4 800
　　营业外支出——处置非流动资产损失　　34 170
　　贷：无形资产——专利权　　156 470
　　　　应交税费——应交增值税　　7 500

**演练 10-7：公益性捐赠支出与罚没支出的核算**

2016 年 11 月 16 日，甲企业支援希望工程，由银行信汇 410 000 元，补助××小学建设教学房屋。编制的会计分录如下。

借：营业外支出——公益性捐赠支出　　410 000
　　贷：银行存款　　410 000

2016 年 11 月 18 日，甲企业因非法经营某种商品按规定被处以罚款 6 000 元。编制的会计分录如下。

借：营业外支出——罚没支出　　6 000
　　贷：银行存款　　6 000

### 演练 10-8：存货非常损失的核算

2016 年 11 月 20 日，甲企业经批准将运输途中发生的非常损失 3 510 元（其中包括进项税额 510 元，计入营业外支出）。编制的会计分录如下。

借：营业外支出——非常损失　　3 510
　　贷：待处理财产损益——待处理流动资产损益　　3 510

### 演练 10-9：月末结转营业外支出的核算

2016 年 11 月末，甲企业将营业外支出 142 520 元转入本年利润。编制的会计分录如下。

借：本年利润　　142 520
　　贷：营业外支出　　142 520

## 10. 1. 3　本年利润结转核算规范与演练

（1）本年利润结转核算规范

本年利润是指企业当年实现的净利润（或净亏损）。“本年利润”科目贷方核算转入的各项收入与收益，借方核算转入的各项成本、费用和支出，余额在贷方，反映本年累计实现的利润，余额在借方，反映本年累计发生的亏损。年度终了，将其余额转入“利润分配——未分配利润”科目，结转后期末无余额。

本年利润结转具体的核算规范，如表 10-3 所示。

**表 10-3　本年利润结转的核算规范**

| 核算事项 | 核算规范 |
| --- | --- |
| 本年各项收入、收益的结转 | 期末结转利润时，应将“主营业务收入”“其他业务收入”“营业外收入”等科目的期末余额，分别转入本科目，借记“主营业务收入”“其他业务收入”“公允价值变动损益”“营业外收入”“投资收益”等科目，贷记“本年利润”科目 |
| 本年各项成本、费用与支出的结转 | 期末结转利润时，应将“主营业务成本”“税金及附加”“其他业务成本”“销售费用”“管理费用”“财务费用”“资产减值损失”“营业外支出”“所得税费用”等科目的期末余额，分别转入本科目，借记“本年利润”科目，贷记“主营业务成本”“税金及附加”“其他业务成本”“销售费用”“管理费用”“财务费用”“资产减值损失”“营业外支出”“所得税费用”等科目。如投资与公允价值变动存在净损失，借记“本年利润”科目，贷记“投资收益”“公允价值变动损益”科目 |
| 年末结转本年利润 | 年度终了，应将本年收入和支出相抵后结出的本年实现的净利润，转入“利润分配”科目，借记“本年利润”科目，贷记“利润分配——未分配利润”科目；如为净亏损，做相反的会计分录。结转后“本年利润”科目应无余额 |

（2）本年利润结转核算演练

**演练 10-10：本年各项收入、收益结转的核算**

2016 年 12 月 31 日，甲企业将主营业务收入 30 000 000 元，公允价值变动损益 200 000 元，其他业务收入 80 000 元，营业外收入 340 000 元，投资收益 32 000 000 元转入本年利润。编制的会计分录如下。

| | | |
|---|---|---|
| 借：主营业务收入 | 30 000 000 | |
| 公允价值变动损益 | 200 000 | |
| 其他业务收入 | 80 000 | |
| 营业外收入 | 340 000 | |
| 投资收益 | 32 000 000 | |
| 贷：本年利润 | | 62 620 000 |

**演练 10-11：本年各项成本、费用与支出结转的核算**

2016 年 12 月 31 日，甲企业将主营业务成本 24 000 000，税金及附加 220 000 元，其他业务成本 70 000 元，销售费用 310 000 元，管理费用 300 000 元，财务费用 500 000 元，营业外支出 1 750 000 元，所得税费用 350 000 元转入本年利润。编制的会计分录如下。

| | | |
|---|---|---|
| 借：本年利润 | 27 500 000 | |
| 贷：主营业务成本 | | 24 000 000 |
| 税金及附加 | | 220 000 |
| 其他业务成本 | | 70 000 |
| 销售费用 | | 310 000 |
| 管理费用 | | 300 000 |
| 财务费用 | | 500 000 |
| 营业外支出 | | 1 750 000 |
| 所得税费用 | | 350 000 |

**演练 10-12：年末结转本年利润的核算**

2016 年 12 月 31 日，甲企业将本年利润 11 489 000 元转入利润分配。编制的会计分录如下。

| | | |
|---|---|---|
| 借：本年利润 | 11 489 000 | |
| 贷：利润分配——未分配利润 | | 11 489 000 |

## 10.2 利润分配核算规范与演练

### 10. 2. 1 利润分配过程核算规范与演练

（1）利润分配过程核算规范

企业当期实现的净利润，加上年初未分配利润和其他转入后的余额，为可供分配的利润。“利润分配”科目借方核算按规定进行分配的利润，如提取法定盈余共计和分配股利等，贷方核算本年利润的结转及用盈余公积弥补的亏损等；期末余额在贷方，反映企业历年积存的未分配利润，年终余额在借方，反映企业历年积存的未弥补亏损。

企业利润分配过程的核算规范如下。

① 企业用盈余公积弥补亏损，借记“盈余公积——盈余公积补亏”科目，贷记“利润分配——盈余公积补亏”科目。

② 按规定从净利润中提取法定盈余公积时，借记“利润分配——提取法定盈余公积”科目，贷记“盈余公积——法定盈余公积”科目。

③ 企业应分配给优先股股东的股利，借记“利润分配——应付优先股股利”科目，贷记“应付股利”科目。

④ 企业应提取的任意盈余公积，借记“利润分配——提取任意盈余公积”科目，贷记“盈余公积——任意盈余公积”科目。

⑤ 应当分配给普通股股东的现金股利，借记“利润分配——应付现金股利”科目，贷记“应付股利”科目。

⑥ 应当分配给投资者的利润，借记“利润分配——应付利润”科目，贷记“应付股利”科目。

⑦ 企业经股东大会或类似机构批准分派股票股利，应在办理增资手续后，借记“利润分配——转作股本的股利”科目，贷记“股本”科目。如实际发放的股票股利的金额与股票票面金额不一致的，应按其差额，贷记“资本公积——股本溢价”科目。

（2）利润分配过程核算演练

**演练 10-13：利润分配的核算**

2015 年 12 月 31 日，甲企业从税后利润中提取 10％的法定盈余公积 10 849 000 元。编制的会计分录如下。

借：利润分配——提取法定盈余公积　　10 849 000
　　贷：盈余公积——法定盈余公积　　10 849 000

2016 年 3 月 5 日，甲企业根据股东大会决议，分派普通股股利 400 000 元，提取任意盈余公积金 350 000 元。编制的会计分录如下。

借：利润分配——应付现金股利　　400 000
　　利润分配——提取任意盈余公积　　350 000
　　贷：应付股利　　400 000
　　　　盈余公积——任意盈余公积　　350 000

### 10.2.2 已分配利润结转的核算规范与演练

（1）已分配利润结转的核算规范

年度终了，企业应将“利润分配”科目下的各明细科目的余额转入“利润分配——未分配利润”明细科目。结转后，除“利润分配——未分配利润”明细科目外，本科目的其他明细科目应无余额。

（2）已分配利润结转的核算演练

**演练 10-14：年终已分配利润结转的核算**

2016 年 12 月 31 日，甲企业将演练 10-13 中“利润分配”各明细科目的余额全部转入“利润分配——未分配利润”明细科目。编制的会计分录如下。

借：利润分配——未分配利润　　11 599 000
　　贷：利润分配——提取法定盈余公积　　10 849 000
　　　　利润分配——应付现金股利　　400 000
　　　　利润分配——提取任意盈余公积　　350 000

## 10.3 以前年度损益调整核算规范与演练

### 10.3.1 以前年度损益调整核算规范

以前年度损益调整是指企业本年度发生的调整以前年度损益的事项与本年度发现的重要前期差错更正涉及调整以前年度损益的事项，以及企业在资产负债表日至财务报告批准报出日之间发生的需要调整报告年度损益的事项，主要包括已证实资产发生了减损、销售退回、已确定获得或支付的赔偿等事项。

“以前年度损益调整”科目贷方核算企业调整增加以前年度的利润或调整减少以前年度的亏损，借方核算企业调整减少以前年度的利润或调整增加以前年度的亏损，其余余额转入“利润分配——未分配利润”科目，结转后无余额。

以前年度损益调整的具体核算规范，如表 10-4 所示。

**表 10-4　以前年度损益调整的核算规范**

| 核算事项 | 核算演练 |
| --- | --- |
| 调增以前年度利润或调减以前年度亏损 | ①企业调整增加的以前年度利润或调整减少的以前年度亏损，借记有关科目，贷记“以前年度损益调整”科目<br>②由于调整增加或减少以前年度利润或亏损而相应增加的所得税费用，借记“以前年度损益调整”科目，贷记“应交税费——应交所得税”科目 |
| 调减以前年度利润或调增以前年度亏损 | ①企业调整减少的以前年度利润或调整增加的以前年度亏损，借记“以前年度损益调整”科目，贷记有关科目<br>②由于调整减少或增加以前年度利润或亏损而相应减少的所得税费用，借记“应交税费——应交所得税”科目，贷记“以前年度损益调整”科目 |
| 转以前年度损益调整的余额 | ①经过调整后，应将“以前年度损益调整”科目的余额转入“利润分配——未分配利润”科目<br>②本科目如为贷方余额，借记“以前年度损益调整”科目，贷记“利润分配——未分配利润”科目；如为借方余额，借记“利润分配——未分配利润”科目，贷记“以前年度损益调整”科目 |

### 10.3.2 以前年度损益调整核算演练

**演练 10-15：调增以前年度利润或调减以前年度亏损的核算**

2016 年 1 月份，甲企业对 2015 年的年报进行审计后发现多提坏账准备 200 000 元，

2016 年 1 月 21 日对该事项进行处理。编制的会计分录如下。

借：坏账准备　　200 000
　　贷：以前年度损益调整　　200 000
借：以前年度损益调整　　50 000
　　贷：应交税费——应交所得税　　50 000

### 演练　10-16：调减以前年度利润或调增以前年度亏损的核算

2016 年 1 月份，甲企业对 2015 年的年报进行审计后发现少提固定资产折旧 90 000 元，2016 年 1 月 21 日对该事项进行处理。编制的会计分录如下。

借：以前年度损益调整　　90 000
　　贷：累计折旧　　90 000
借：应交税费——应交所得税　　22 500
　　贷：以前年度损益调整　　22 500

### 演练　10-17：转以前年度损益调整余额的核算

甲企业将 2015 年“以前年度损益调整”科目的余额 72 500 元转入未分配利润。编制的会计分录如下。

借：利润分配——未分配利润　　72 500
　　贷：以前年度损益调整　　72 500

# 实账演练——对账、调账与结账

## 11.1 对账规范与演练

### 11.1.1 账证核对规范与演练

(1) 账证核对规范

账证核对就是将原始凭证、记账凭证与账簿记录进行核对，看其内容、数量、金额和会计科目是否两相符合。由于逐笔核对的工作量较大，一般可以采取抽查核对办法。如果发现差错，则应逐笔核对，直到查出差错原因为止。

账证核对的主要内容包括：

① 现金日记账、银行存款日记账与现金、银行存款收、付款记账凭证及所附的原始凭证相核对。

② 明细分类账与全部记账凭证及所附原始凭证相核对。

③ 总分类账与据以记账的凭证相核对，可以是科目汇总表或分类汇总记账凭证，也可以是全部收款、付款、转账凭证。

(2) 账证核对演练

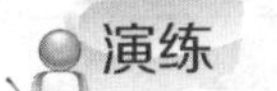
演练 11-1: 现金日记账与现金收、付款记账凭证及所附原始凭证的核对

① 现金日记账。现金日记账，如图 11-1 所示。

现 金 日 记 账

| 2016 年 | | 凭证号 | | 对方科目 | 摘要 | 借方 | 贷方 | 借或贷 | 余额 |
|---|---|---|---|---|---|---|---|---|---|
| 月 | 日 | 字 | 号 | | | | | | |
| | | | | | 承前页 | | | 借 | 70 500 |
| 3 | 2 | 现付 | 1 | 管理费用 | 支付 A 材料材料款 | | 60 000 | 借 | 10 500 |
| 3 | 12 | 现收 | 2 | 银行存款 | 用作备用金 | 1 500 | | 借 | 12 000 |
| 3 | 22 | 现付 | 3 | 制造费用 | 支付车间水电费 | | 2 000 | 借 | 10 000 |
| | | | | | 本日合计 | ￥1 500 | ￥62 000 | | ￥10 000 |

图 11-1 现金日记账

② 现金付款凭证。现金付款凭证，如图 11-2 所示。

**付　款　凭　证**

贷方科目：库存现金　　2016 年 3 月 2 日　　付字第 1 号

| 摘要 | 借方科目 | | 金额 | | | | | | | | | | 记账 |
|---|---|---|---|---|---|---|---|---|---|---|---|---|---|
| | 总账科目 | 明细科目 | 千 | 百 | 十 | 万 | 千 | 百 | 十 | 元 | 角 | 分 | |
| 支付A材料材料款 | 应付账款 | ××公司 | | | | 6 | 0 | 0 | 0 | 0 | 0 | 0 | √ |
| | | | | | | | | | | | | | |
| | | | | | | | | | | | | | |
| 合计 | | | | | ¥ | 6 | 0 | 0 | 0 | 0 | 0 | 0 | √ |

会计主管：×××　记账：×××　出纳：×××　审核：×××　制单：×××

图 11-2　现金付款凭证

③ 所附原始凭证。所附收料单，如图 11-3 所示。

**收　料　单**

供应单位：××公司　　收料仓库：4号库

发票号码：0025　　2016 年 3 月 4 日　　第 0343 号

| 材料编号 | 材料名称 | 规格 | 单位 | 数量 | | 金额 | | | |
|---|---|---|---|---|---|---|---|---|---|
| | | | | 应收 | 实收 | 单价 | 金额 | 运费 | 合计 |
| ××× | A材料 | ××× | 千克 | 100 | 100 | 600 | 60 000 | ××× | 60 000 |
| | | | | | | | | | |
| | | | | | | | | | |
| 合计 | | | | | | | 60 000 | | 60 000 |

仓库负责人：　　经办人：　　收料人：

图 11-3　收料单

### 11.1.2　账账核对规范与演练

（1）账账核对规范

所谓账账核对，是指各种账簿与账簿之间的有关记录相核对，以保证账账相符。账账核对内容，主要包括表 11-1 所示内容。

**表 11-1　账账核对内容**

| 核对内容 | 具体说明 |
|---|---|
| 总分类账有关账户核对 | 主要核对总分类账各账户借方期末余额合计数与贷方期末余额合计数是否相等。借方本期发生额合计数与贷方本期发生额合计数是否相等 |
| 总分类账与其明细分类账核对 | 主要核对总分类账各账户的期末余额与所属各明细分类账户的期末余额之和是否相等，总分类账各账户的本期发生额与所属各明细分类账户的本期发生额之和是否相等 |

续表

| 核对内容 | 具体说明 |
|---|---|
| 总分类账与日记账核对 | 主要核对总分类账中“现金”和“银行存款”账户的期末余额与相对应的日记账的期末余额是否相等 |
| 会计部门的财产物资明细账与财产物资保管和使用部门的有关明细账核对 | 主要核对会计部门的各种财产物资明细账期末余额与财产物资保管和使用部门的有关财产物资明细账期末余额是否相等 |

在进行账账核对时，应首先检查总分类账户记录是否正确，它一般是采用编制试算平衡表的方法进行。然后将总分类账户与所属明细分类账户进行核对，它一般是采用编制本期发生额及余额表等方法进行。最后将财产物资的明细分类账户和保管账（卡）进行核对，它可以将有关账户余额直接与保管账（卡）的余额核对。

（2）账账核对演练

**演练 11-2：银行存款总分类账与应付账款总分类账进行核对**

银行存款总分类账，如图 11-4 所示。

**总　分　类　账**

总账科目：银行存款　　　　第×页

| 2016 年 | | 凭证 | | 摘要 | 借方 | 贷方 | 借或贷 | 余额 |
|---|---|---|---|---|---|---|---|---|
| 月 | 日 | 种类 | 号数 | | | | | |
| 8 | 1 | | | 期初余额 | | | 借 | 1 650 000 |
| 8 | 10 | | | 支付前欠材料款 | | 267 000 | 借 | 1 383 000 |
| 8 | 25 | | | 收到乙企业投资款 | 300 000 | | 借 | 1 683 000 |

图 11-4　银行存款总分类账

应付账款总分类账，如图 11-5 所示。

**总　分　类　账**

总账科目：应付账款　　　　第×页

| 2016 年 | | 凭证 | | 摘要 | 借方 | 贷方 | 借或贷 | 余额 |
|---|---|---|---|---|---|---|---|---|
| 月 | 日 | 种类 | 号数 | | | | | |
| 8 | 1 | | | 期初余额 | | | 贷 | 500 000 |
| 8 | 10 | | | 支付前欠材料款 | 267 000 | | 贷 | 233 000 |
| 8 | 25 | | | 购进 B 材料 | | 234 000 | 贷 | 467 000 |

图 11-5　应付账款总分类账

### 11.1.3 账实核对规范与演练

（1）账实核对规范

账实核对必须采取盘点的方法。固定资产、库存商品、材料物资、库存现金和工业企业的材料、在产品、产成品等，都应通过实物盘点，与账存数进行核对。如发生盘盈盘亏，应先调整账存数，将溢缺转入“待处理财产损益”账户，待查明原因报经批准后处理。

此外，对结算中的债权、债务，可通过账单、函询、走访等方式与对方核对，以确定其实有数。经过核对，如发现有差错，其责任在本单位的，由本单位更正；如责任在对方的，应通过对方更正。

（2）账实核对演练

**演练 11-3：清查库存原材料**

2016 年 11 月 21 日，甲企业临时对库存原材料 A 进行突击清查，盘点人员按要求对原材料 A 进行清点，并依据清点结果填制“盘存单”，具体如图 11-6 所示。

**盘 存 单**

财产类别：存货

存放地点：仓库1　　　　2016 年 11 月 21 日　　　　编号：

| 编号 | 名称 | 规格型号 | 计量单位 | 数量 | 单价 | 金额 | 备注 |
|---|---|---|---|---|---|---|---|
| ×× | 原材料 A | — | 千克 | 100 | 700 | 70 000 | |
| | | | | | | | |
| | | | | | | | |

盘点人员（签章）：×××　　　　保管人员（签章）：×××

图 11-6　盘存单

会计人员依据盘存单与有关账簿的登记记录进行核对，并依据核对结果填制账存实存对比单，具体如图 11-7 所示。

**账 存 实 存 对 比 单**

2016 年 11 月 21 日

| 编号 | 名称规格 | 计量单位 | 单价 | 实存 | | 账存 | | 盘盈 | | 盘亏 | | 备注 |
|---|---|---|---|---|---|---|---|---|---|---|---|---|
| | | | | 数量 | 金额 | 数量 | 金额 | 数量 | 金额 | 数量 | 金额 | |
| ×× | 原材料 A | 千克 | 700 | 100 | 70 000 | 110 | 77 000 | | | 10 | 7 000 | |
| | | | | | | | | | | | | |

复核人：×××　　　　编制人：×××

图 11-7　账存实存对比单

会计人员依据账存实存对比表，对原材料 A 的盘亏原因进行调查分析，明确盘亏形成的经济责任，并将调查得到的盘亏原因填入账存实存对比表的备注栏中。

### 11.1.4 账表核对规范与演练

（1）账表核对规范

账表核对是指会计账簿记录与据其编制的各种财务报表有关数字相符，以保证财务报表的真实性和可靠性。有关内容核对相符，通过检查账表之间的相互关系，可以发现其中是否存在违法行为。

账表核对主要核对以下内容：

① 核对会计报表中某些数字是否与有关总分类账的期末余额相符。

② 核对会计报表中某些数字是否与有关明细分类账的期末余额相符。

③ 核对会计报表中某些数字是否与有关明细分类账的发生额相符。

进行账表核对时，查账人员必须熟识账与表中的项目或内容发生直接或者间接的勾稽关系。如："现金""银行存款""其他货币资金"账户余额与资产负债表中的货币资金项目有直接的对应关系。如果不了解这些关系，查账人员是无法从查账中发现问题的。

账表核对的重点是对账、表所反映的金额进行核对，通过账表核对，可以发现或查证账表不符或虽相符却不合理、不合法的会计错弊。

（2）账表核对演练

**演练 11-4：货币资金账户余额与资产负债表的核对**

2015 年甲企业资产负债表有关账户余额，如表 11-2 所示。

**表 11-2 有关账户余额表** 单位：元

| 账户名称 | 借方余额 | 账户名称 | 贷方金额 |
|---|---|---|---|
| 库存现金 | 2 000 | 短期借款 | 50 000 |
| 银行存款 | 805 831 | 应付票据 | 100 000 |
| 其他货币资金 | 7 300 | 应付账款 | 953 800 |
| 交易性金融资产 | 0 | 其他应付款 | 50 000 |
| 应收票据 | 66 000 | 应付职工薪酬 | 180 000 |
| 应收账款 | 600 000 | 应交税费 | 226 731 |
| 坏账准备 | －1 800 | 应付股利 | 32 215.85 |
| 预付账款 | 100 000 | 应付利息 | 0 |
| 其他应收款 | 5 000 | 一年内到期的长期负债 | 0 |
| 材料采购 | 275 000 | 长期借款 | 1 160 000 |
| 原材料 | 45 000 | 实收资本(或股本) | 5 000 000 |
| 周转材料 | 38 050 | 盈余公积 | 124 770.4 |
| 库存商品 | 2 122 400 | 利润分配 | 218 013.75 |
| 材料成本差异 | 4 250 | | |
| 其他流动资产 | 100 000 | | |

续表

| 账户名称 | 借方余额 | 账户名称 | 贷方金额 |
| --- | --- | --- | --- |
| 长期股权投资 | 250 000 | | |
| 固定资产 | 2 401 000 | | |
| 累计折旧 | −170 000 | | |
| 固定资产减值准备 | −30 000 | | |
| 工程物资 | 300 000 | | |
| 在建工程 | 428 000 | | |
| 无形资产 | 600 000 | | |
| 累计摊销 | −60 000 | | |
| 递延所得税资产 | 7 500 | | |
| 其他长期资产 | 200 000 | | |
| 合计 | 8 095 531 | | 8 095 531 |

2015 年甲企业资产负债情况，如表 11-3 所示。

**表 11-3　资产负债表**

编制单位：甲企业　　　　2016 年 1 月 1 日　　　　单位：元

| 资产 | 期末余额 | 年初余额 | 负债和所有者权益 | 期末余额 | 年初余额 |
| --- | --- | --- | --- | --- | --- |
| 流动资产： | | | 流动负债： | | |
| 货币资金 | 815 131 | 1 406 300 | 短期借款 | 50 000 | 300 000 |
| 交易性金融资产 | 0 | 15 000 | 交易性金融负债 | | |
| 应收票据 | 66 000 | 246 000 | 应付票据 | 100 000 | 200 000 |
| 应收账款 | 598 200 | 299 100 | 应付账款 | 953 800 | 953 800 |
| 预付账款 | 100 000 | 100 000 | 预收账款 | | |
| 应收利息 | | | 应付职工薪酬 | 180 000 | 110 000 |
| 应收股利 | | | 应交税费 | 226 731 | 36 600 |
| 其他应收款 | 5 000 | 5 000 | 应付利息 | 0 | 1 000 |
| 存货 | 2 484 700 | 2 580 000 | 应付股利 | 32 215.85 | 0 |
| 一年内到期的非流动资产 | | | 其他应付款 | 50 000 | 50 000 |
| | | | 一年内到期的非流动负债 | 0 | 1 000 000 |
| 其他流动资产 | 100 000 | 100 000 | 其他流动负债 | | |
| 流动资产合计 | 4 169 031 | 4 751 400 | 流动负债合计 | 1 592 746.85 | 2 651 400 |
| 非流动资产： | | | 非流动负债： | | |
| 可供出售金融资产 | | | 长期借款 | 1 160 000 | 600 000 |
| 持有至到期投资 | | | 应付债券 | | |
| 长期应收款 | | | 长期应付款 | | |
| 长期股权投资 | 250 000 | 250 000 | 专项应付款 | | |
| 投资性房地产 | | | 预计负债 | | |
| 固定资产 | 2 201 000 | 1 100 000 | 递延所得税负债 | | |

续表

| 资产 | 期末余额 | 年初余额 | 负债和所有者权益 | 期末余额 | 年初余额 |
|---|---|---|---|---|---|
| 在建工程 | 428 000 | 1 500 000 | 其他非流动负债 | | |
| 工程物资 | 300 000 | | | | |
| 固定资产清理 | | | 非流动负债合计 | 1 160 000 | 600 000 |
| 无形资产 | 540 000 | 600 000 | 负债合计 | 2 752 746.85 | 3 251 400 |
| 开发支出 | | | 所有者权益(或股东权益): | | |
| 商誉 | | | 实收资本(或股本) | 5 000 000 | 5 000 000 |
| 长期待摊费用 | | | 资本公积 | | |
| 递延所得税资产 | 7 500 | | 减:库存股 | | |
| 其他非流动资产 | 200 000 | 200 000 | 盈余公积 | 124 770.4 | 100 000 |
| | | | 未分配利润 | 218 013.75 | 50 000 |
| 非流动资产合计 | 3 926 500 | 3 650 000 | 所有者权益合计 | 5 342 784.15 | 5 150 000 |
| 资产总计 | 8 095 531 | 8 401 400 | 负债和所有者权益总计 | 8 095 531 | 8 401 400 |

有关账户余额表中，货币资金＝库存现金＋银行存款＋其他货币资金＝2 000＋805 831＋7 300＝815 131(元)，得出的 815 131 元与资产负债表中货币资金栏内容一致，核对无误。

## 11.2 结账规范与演练

### 11.2.1 结账前试算平衡核算规范与演练

(1) 结账前试算平衡核算规范

结账之前，应做好账账核对工作。账账核对一般是通过编制试算平衡表，根据试算平衡表各栏合计数，验算借贷双方是否相同。

试算平衡是在借贷记账法下，利用会计等式和借贷平衡原理，检查账户记录是否正确的过程，具体包括表 11-4 所示的两大方面。

**表 11-4 试算平衡说明表**

| 维度 | 说明 |
|---|---|
| 借贷发生额试算平衡 | 借贷发生额试算平衡是依据全部账户本期借方发生额合计等于贷方发生额合计的原理，将一段时期内全部账户的借方发生额与贷方发生额分别进行合计，如果二者不相等，则表明账簿记录存在错误 |
| 借贷余额试算平衡 | 借贷余额试算平衡是依据全部账户借方期末余额合计等于贷方期末余额合计的原理，将任意会计期末全部账户的借方余额与贷方余额分别进行合计，如果二者不相等，则表明账簿记录存在错误 |

通过试算平衡表通常通过以下三方面的平衡关系来检查账户记录的正确性。

① 全部账户的期余额合计数等于全部账户的期初贷方余额合计数。

② 全部账户的本期借方发生额合计数等于全部账户的本期贷方发生额合计数。

③ 全部账户的期末借方余额合计数等于全部账户的期末贷方余额合计数。

（2）结账前试算平衡核算演练

演练 11-5：试算平衡

A 商贸公司 2016 年 6 月份初有关账户的余额如图 11-8 所示。

**A 商贸公司账户余额**

2016 年 6 月

单位：元

| 账　户 | 余　额 |
|---|---|
| 库存现金 | 4 700 |
| 银行存款 | 334 500 |
| 应收账款 | 34 000 |
| 库存商品 | 1 405 000 |
| 固定资产 | 189 000 |
| 短期借款 | 200 000 |
| 应付账款 | 210 200 |
| 实收资本 | 1 000 000 |
| 本年利润 | 107 000 |
| 利润分配 | 450 000 |

图 11-8　6 月份初有关账户的余额

6 月份该公司发生了如下经济业务：

① 向 B 公司购入商品 330 000 元，货已验收入库，货款尚未支付。

② 用银行存款归还以前所欠货款 15 000 元。

③ 从 C 公司收回所欠账款 22 000 元，存入银行。

④ 购入管理用设备 20 000 元，以银行存款支付。

⑤ 用银行存款支付本月公用事业费 5 800 元。

⑥ 结算本月工资，销售人员工资为 120 000 元，管理人员工资为 56 000 元。

⑦ 以库存现金支付本月各种杂费 2 000 元。

⑧ 本月销售商品实现收入 1 168 000 元，销售款已存入银行。

⑨ 本月应付银行短期借款利息 500 元。

⑩ 结转本月已销售商品的实际成本 689 000 元。

编制 A 公司的试算平衡表，如图 11-9 所示。

### 11. 2. 2　月度/季度/年度结账规范与演练

（1）月度结账规范与演练

月度结账是指在每月末进行的结账，办理月结的具体操作规范如下。

**A 公司的试算平衡表**

2016 年 6 月 30 日　　单位：元

| 账户名称 | 期初余额 | | 本期发生额 | | 期末余额 | |
|---|---|---|---|---|---|---|
| | 借方 | 贷方 | 借方 | 贷方 | 借方 | 贷方 |
| 库存现金 | 1 700 | | 0 | 2 000 | 2 700 | |
| 银行存款 | 334 500 | | 1 190 000 | 40 800 | 1 483 700 | |
| 应收账款 | 34 000 | | 0 | 22 000 | 12 000 | |
| 库存商品 | 1 405 000 | | 330 000 | 689 000 | 1 046 000 | |
| 固定资产 | 189 000 | | 20 000 | 0 | 209 000 | |
| 短期借款 | | 200 000 | 0 | 0 | | 200 000 |
| 应付账款 | | 210 200 | 15 000 | 330 000 | | 525 200 |
| 应付职工薪酬 | | 0 | 0 | 176 000 | | 176 000 |
| 应付利息 | | 0 | 0 | 500 | | 500 |
| 实收资本 | | 1 000 000 | 0 | 0 | | 1 000 000 |
| 本年利润 | | 107 000 | 0 | 0 | | 107 000 |
| 利润分配 | | 450 000 | 0 | 0 | | 450 000 |
| 销售费用 | 0 | | 120 000 | 0 | 120 000 | |
| 管理费用 | 0 | | 63 800 | 0 | 63 800 | |
| 财务费用 | 0 | | 500 | 0 | 500 | |
| 主营业务收入 | | 0 | 0 | 1 168 000 | | 1 168 000 |
| 主营业务成本 | 0 | | 689 000 | 0 | 689 000 | |
| 合计 | 1 967 200 | 1 967 200 | 2 428 300 | 2 428 300 | 3 626 700 | 3 626 700 |

图 11-9　A 公司试算平衡表

① 在各账户本月最后一笔记录下面画一道通栏粗红线表示本月的经济业务已经结束。

② 在红线下结算出本月发生额及月末余额，并在摘要栏内注明“本月合计”或“本月发生额及余额”字样。

③ 在下面再画一通栏红线，表示完成月结工作，如无余额，应在“借”或“贷”栏内注明“平”字并在余额栏内填“θ”或“√”符号。

### 演练　11-6：销售费用账户的月结

2016 年 1 月末，甲企业发生的经济业务已全部登记入账后，会计人员核算当月广告费实际发生共计 223 000 元，转入本年利润，结账示例如图 11-10 所示。

（2）季度结账规范与演练

季度结账是指在每季末进行的结账。办理季结时，应在季末月结数下，结算本季余额，并在摘要栏内写明“×季度发生额及余额”或“本季合计”字样。在“本季合计”上下各画一道通栏红线，表示完成季节工作。季结后，如无余额，应在“借”或“贷”栏内注明

**销售费用明细分类账**

会计科目：销售费用　　　　总第×页

明细科目：广告费　　　　分第×页

| 2016年 | | 凭证编号 | 摘要 | 借方 | 贷方 | 借或贷 | 余额 |
|---|---|---|---|---|---|---|---|
| 月 | 日 | | | | | | |
| 1 | 9 | | 支付广告费 | 70 000 | | 借 | 70 000 |
| 1 | 24 | | 支付广告费 | 150 000 | | 借 | 220 000 |
| 1 | 31 | | 结转利润 | | 220 000 | 平 | θ |
| | | | 本月合计 | ¥220 000 | ¥220 000 | 平 | θ |
| | | | | | | | |
| | | | | | | | |
| | | | | | | | |

在本月最后一笔业务下面画一条单红线，表示本月经济业务已经完成

在“本月合计”行的下方画一条单红线，表示完成月结工作

注：粗线表示结账所划的红线

图 11-10　销售费用明细分类账 1

“平”字并在余额栏内填“θ”或“√”符号。

## 演练　11-7：销售费用账户的季结

2016 年 3 月月末，甲企业发生的经济业务已全部登记入账后，会计人员核算 3 月份实际发生的广告费共计 450 000 元。已知第一季度实际发生广告费共计 800 000 元，转入“本年利润”，结账示例如图 11-11 所示。

**销售费用明细分类账**

会计科目：销售费用　　　　总第×页

明细科目：广告费　　　　分第×页

| 2016年 | | 凭证编号 | 摘要 | 借方 | 贷方 | 借或贷 | 余额 |
|---|---|---|---|---|---|---|---|
| 月 | 日 | | | | | | |
| 3 | 15 | | 支付广告费 | 450 000 | | 借 | 450 000 |
| 3 | 31 | | 结转利润 | | 450 000 | 平 | θ |
| | | | 本月合计 | 450 000 | 450 000 | 平 | θ |
| | | | 本季合计 | ¥800 000 | ¥800 000 | 平 | θ |
| | | | | | | | |
| | | | | | | | |

在“本季合计”行的下方画一条单红线，表示完成季结工作，前面两条红线代表月结工作

注：粗线表示结账所划的红线

图 11-11　销售费用明细分类账 2

（3）年度结账规范与演练

年度结账是指企业在每年末进行的结账。办理年结时，应在年末月份的月结数下，结算本年合计数，并在摘要栏内写明“本年合计”字样。在“本年合计”下方画一条双红线，表示完成年结工作。年结后，如无余额，应在“借”或“贷”栏内注明“平”字并在余额栏内填“θ”或“√”符号。

**演练 11-8：销售费用账户的年结**

2016年年末，甲企业发生的经济业务已全部登记入账后，会计人员核算12月份实际发生的广告费共计100 000元。结账示例如图11-12所示。

**销售费用明细分类账**

会计科目：销售费用　　　　总第×页

明细科目：广告费　　　　分第×页

| 2016年 | | 凭证编号 | 摘要 | 借方 | 贷方 | 借或贷 | 余额 |
|---|---|---|---|---|---|---|---|
| 月 | 日 | | | | | | |
| 12 | 10 | | 支付广告费 | 100 000 | | 借 | 100 000 |
| 12 | 31 | | 结转利润 | | 100 000 | 平 | θ |
| | | | 本月合计 | 100 000 | 100 000 | 平 | θ |
| | | | 本年合计 | ￥100 000 | ￥100 000 | 平 | θ |
| | | | | | | | |
| | | | | | | | |

在“本年合计”行的下方画一条双红线，作为年度结账标志，前面两条红线代表月结工作

注：粗线表示结账所划的红线

图11-12　销售费用明细分类账3

## 11.2.3　结账后账户余额结转规范与演练

（1）结账后账户余额结转规范

年末终了结账时有余额的账户，其余额直接记入新账余额栏内即可，不需要编制记账凭证，也不必将余额再记入本年账户的借方或贷方。因为，既然年末是有余额的账户，余额就应当如实地在账户中加以反映，这样更显得清晰、明了。否则，就无法体现有余额的账户和无余额的账户的区别。

对于新的会计年度建账问题，一般来说，总账、日记账和多数明细账应每年更换一次。但有些财产物资明细账和债权债务明细账，由于材料品种、规格和往来单位较多，更换新账、重抄一遍的工作量较大，因此可以跨年度使用，不必每年更换一次。各种备查簿也可以连续使用。

实际工作中，结转账户余额的做法如下。

① 将本账户年末余额以相反的方向记入最后一笔账下的发生额内。例如，某账户年末为借方余额，在结账时，将此项余额填列在贷方发生额栏内（余额如为贷方，则做相反记

录），在摘要栏填明“结转下年”字样，在“借或贷”栏内填“平”字并在余额栏的“元”位上填列“θ”符号，表示账目已经结平。

② 在“本年累计”发生额的次行，将年初余额按其同方向记入发生额栏内，并在“摘要”栏内填明“上年结转”字样。在次行登记年末余额，如为借方余额，填入贷方发生额栏内，反之记入借方，并在“摘要”栏填明“结转下年”字样。同时，在该行的下端加借、贷各方的总数，并在该行“摘要”栏内填列“总计”两字，在“借或贷”栏内填“平”字，在余额栏的“元”位上填列“θ”符号，以示账目已结平。

（2）结账后账户余额结转演练

11-9：应收账款账户余额结转

**应收账款明细分类账**

会计科目：应收账款　　　　总第×页

明细科目：乙企业　　　　分第×页

| 2016年 | | 凭证编号 | 摘要 | 借方 | 贷方 | 借或贷 | 余额 |
|---|---|---|---|---|---|---|---|
| 月 | 日 | | | | | | |
| 1 | 1 | | 期初余额 | | | 借 | 50 000 |
| | | | | | | | |
| | | | | | | | |

## 11.3 调账规范与演练

### 11.3.1 会计期末账项调整规范与演练

（1）会计期末账项调整规范

会计期末需要进行账项调整的事项主要有应计收入、应计费用、预收收入、预计费用四种，具体的调账规范如表11-5所示。

表11-5　会计期末账项调整规范

| 调整事项 | 调账规范 |
|---|---|
| 应计收入 | 应计收入应计入本期收入，具体可将该笔收入计入“应收账款”“应收利息”等相关账户的借方，和“主营业务收入”“营业外收入”等相关收入账户的贷方 |
| 应计费用 | 应计费用应计入本期费用，具体可将该笔费按其性质类型，计入“制造费用”“销售费用”等相关账户的借方，和“应付利息”“应付职工薪酬”等账户的贷方 |
| 预收收入 | 预收收入不应计入本期收入，具体可将该笔收入先计入负债类账户“预收账款”，待经济业务实际完成后，再转入“主营业务收入”等收入类账户 |
| 预付费用 | 预付费用不应计入本期费用，具体可将该笔费用先计入资产类账户“预付账款”，待经济业务实际完成后，再转入“销售费用”等相关费用账户 |

（2）会计期末账项调整演练

### 演练 11-10：应计收入的调整

甲企业在2016年12月31日持有应收票据一张，面额为24 000元，出票日为2016年12月11日，期限60天，票面利率为9%。

这张票据在下年度到期时，除了可以收回票面金额24 000元外，还可收入60天的利息360元（24 000×9%×60/360）。但这项利息中，从12月11日至31日止的20天的120元（24 000×9%×20/360）是属于甲企业2016年度12月份应该获得的收入，应作为本期收益，为了正确反映甲企业的本期净收益，就需在月末将这部分应该获得的利息，编成调整分录入账。应收利息增加，属于资产的增加，应借记“其他应收款”账户；贷记有关收入账户，但在甲企业没有单独设置利息收入账户的情况下，根据会计制度规定，可贷记“财务费用”账户，以冲销本期的财务费用。因此，应编制如下的调整分录。

| | | |
|---|---|---|
| 借：其他应收款 | 120 | |
| 　　贷：财务费用 | | 120 |

可见，如果一个企业应该获得的某一项应计收入尚未入账，就需在期末编制调整分录：借记某一资产账户，贷记某一收入账户。上述应收票据下年度到期通过银行收到款项时，应编制如下会计分录。

| | | |
|---|---|---|
| 借：银行存款 | 24 360 | |
| 　　贷：应收票据 | | 24 000 |
| 　　　　其他应收款 | | 120 |
| 　　　　财务费用 | | 240 |

### 演练 11-11：应计费用的调整

2016年1月1日甲企业厂部租用临时办公用房数间，租期为3年，每月租金12 000元，双方协商每个季度末支付一次租金。

1月份的租金虽然按规定要到3月末才支付，但它是本月已经发生、应计入本月的费用，因而应于月末调整入账。办公用房租金属于管理费用。这项调整业务涉及“管理费用”与“其他应付款”这两个账户，应借记“管理费用”账户，贷记“其他应付款”账户。1月末应编制调整分录如下。

| | | |
|---|---|---|
| 借：管理费用 | 12 000 | |
| 　　贷：其他应付款 | | 12 000 |

2月末应编以上同样的调整分录。等到3月末用银行存款支付钱3个月的租金时，应编如下会计分录。

| | | |
|---|---|---|
| 借：管理费用 | 12 000 | |
| 　　其他应付款 | 24 000 | |
| 　　贷：银行存款 | | 36 000 |

## 演练 11-12：收入分摊的调整

乙企业于 2016 年 1 月 2 日接受了一项修理服务业务，为某单位修理设备 10 台，双方商定每台修理费为 2 000 元，共计 20 000 元由对方单位一次预付。本月份实际完成 4 台设备的修理工作。

预收修理收入这项经济业务，一方面使企业的银行存款增加了 20 000 元；另一方面使企业的预收收入增加了 20 000 元。银行存款的增加，应借记“银行存款”账户；预收收入的增加属于企业负债的增加，应贷记“预收账款”账户。因此，在收到这笔预收账款时，应编如下会计分录。

| | | |
|---|---|---|
| 借：银行存款 | 20 000 | |
| 　　贷：预收账款 | | 20 000 |

由于本月份只完成了 4 台设备的修理工作，就应该相应确认 4 台设备的修理收入 8 000 元（2 000 元×4 台）。月末的这笔调整业务，一方面使企业的收入增加了 8 000 元；另一方面使企业的预收收入，即负债减少了 8 000 元。因此，这项业务涉及“其他业务收入”与“预收账款”这两个账户。收入增加，应贷记“其他业务收入”账户；预收收入减少，是负债的减少，应借记“预收账款”账户。月末这项业务应编制调整分录如下。

| | | |
|---|---|---|
| 借：预收账款 | 8 000 | |
| 　　贷：其他业务收入 | | 8 000 |

### 11.3.2 会计政策变更调账规范与演练

（1）会计政策变更调账规范

会计政策变更是指企业对相同的交易或事项由原来采用的会计政策改用另一会计政策的行为。会计政策变更的调账方法包括追溯调整法、未来适用法、当期调整法，其各自的调账规范如表 11-6 所示。

表 11-6　会计政策变更的调账规范

| 调账方法 | 调账规范 |
|---|---|
| 追溯调整法 | ①指对某项交易或事项变更政策时，如同该交易或事项初次发生时就开始采用新的会计政策，并以此对相关项目进行调整的方法<br>②在变更当年的比较财务报表中，变更前期的信息应按新的会计政策追溯重编<br>③由于经济环境、客观情况的改变而变更会计政策，以便提供有关企业财务状况、经营成果和现金流量等更可靠、更相关的会计信息，也应采用追溯调整法进行会计处理 |
| 未来适用法 | ①指对某项交易或事项变更会计政策时，新的会计政策适用于变更日后出现的交易或事项<br>②没有必要对与以前期间相关的项目进行调整，既不调整留存收益，也不调整当期净收益，新的会计政策只适用于变更当期及未来期间发生的交易或事项 |
| 当期调整法 | ①指将会计政策变更的累计影响数在会计政策变更发生当期加以确认，并单独作为一个项目，即会计政策变更累积影响数列于当期的利润表中<br>②采用当期调整法下，在变更年度的比较财务报表中，以前年度财务报告的会计信息不追溯重编 |

（2）会计政策变更调账演练

### 演练 11-13：会计政策变更调账

远大股份有限公司成立于2010年2月1日，为增值税一般纳税企业，适用的增值税税率为17%；所得税税率为25%；按净利润的10%提取法定盈余公积，按净利润的5%提取任意盈余公积。公司2011年12月31日前对坏账采用“直接转销法”进行核算，从2012年1月1日起改为按照“备抵法”核算，按应收账款余额的5%计提坏账准备。公司2010年年末发生坏账，2010年12月31日应收账款余额为400 000元；2011年发生坏账20 000元，2011年12月31日应收账款余额为1 000 000元。

① 会计政策变更累计影响数计算如表11-7所示。

**表11-7 会计政策变更累计影响数计算表** 单位：元

| 年度 | 按原会计政策计算的管理费用 | 按变更后会计政策计算的管理费用 | 税前差异 | 所得税影响 | 会计政策变更累计影响数 |
|---|---|---|---|---|---|
| 2010 | 0 | 20 000 | 20 000 | 0 | −20 000 |
| 2011 | 20 000 | 50 000 | 30 000 | 0 | −30 000 |
| 合计 | 20 000 | 80 000 | 50 000 | 0 | −50 000 |

② 调整分录如下：

借：利润分配——未分配利润 50 000
　　贷：坏账准备 50 000
借：盈余公积 7 500
　　贷：利润分配——未分配利润 7 500

③ 报表调整如下：

资产负债表项目年初数栏目的调整：坏账准备调增50 000元；未分配利润调减42 500元；盈余公积调减7 500元。

利润表及利润分配表项目上年数栏目的调整：管理费用调增30 000元；年初未分配利润调减17 000元（20 000×0.85）；提取法定盈余公积调减3 000元（30 000×10%）；提取任意盈余公积调减1 500元（30 000×5%）；未分配利润调减42 500元。

## 11.3.3 会计估计变更调账规范与演练

（1）会计估计变更调账规范

会计估计变更是指企业对其结果不确定的交易或事项以最近可利用的信息为基础所做的判断。会计政策变更的调账方法为“未来适用法”，具体的调账规范如表11-8所示。

**表11-8 会计估计变更的调账规范**

| 调账方法 | | 调账规范 |
|---|---|---|
| 未来适用法 | 如果会计估计变更仅影响变更当期 | 有关估计变更的影响数应计入变更当期与前期相同的相关项目中。如企业原来按照应收账款的3%提取坏账准备，但现在企业不能收回应收账款的比例已达5%，因此，企业改按应收账款余额5%的比例提取坏账准备，此项会计估计的变更只影响变更当期，应将会计估计变更的影响数计入变更当期 |

续表

| 调账方法 | | 调账规范 |
|---|---|---|
| 未来适用法 | 如果会计估计的变更既影响变更当期又影响未来期间 | 会计估计变更的影响数应计入变更当期和未来期间与前期相关的相关项目中。如企业应计提折旧的固定资产的预计使用年限或预计净残值的估计若发生变更，则会影响变更当期及以后使用年限内各期间的折旧费用，因而，此项会计估计变更的影响数，应在变更当期及以后各期分别确认 |

（2）会计估计变更调账演练

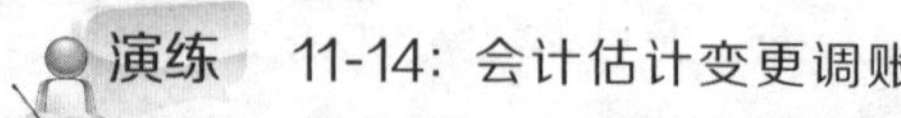

演练 11-14：会计估计变更调账

甲公司于 2011 年 1 月 1 日起计提折旧的一台××设备，原始价值为 43 000 元，估计使用年限为 8 年，预计净残值为 3 000 元，按直线法计提折旧。到 2014 年年初，由于科学技术的进步，需要对原估计的使用年限和净残值重新作出修订，修订后该设备的使用年限为 6 年，净残值为 1 000 元。采用未来适用法进行处理。

按原估计，每年折旧额为 5 000 [(43 000－3 000)/8]，已提折旧了 3 年，共计 15 000 元，固定资产账面净值为 28 000 元（43 000－15 000）。则第 4 年即 2014 年相关科目的期初余额如表 11-9 所示。

**表 11-9　相关科目的期初余额表**

| 项　目 | 年初余额 |
|---|---|
| 固定资产 | 43 000 |
| 减：累计折旧 | 15 000 |
| 固定资产净值 | 28 000 |

甲公司改变估计使用年限和净残值后，2013 年起每年计提的折旧费用为 9 000 元 [(28 000－1 000)/(6－3)]，2014 年不需要对以前年度已提折旧进行调整，只需按重新预计的使用年限和净残值计算确定当年的折旧费用即可。以后每年也按新修订的估计计算当年的折旧费用。编制如下会计分录。

借：管理费用　　9 000
　　贷：累计折旧　　9 000

附注说明如下。

本公司××设备，原始价值为 43 000 元，原估计使用年限为 8 年，预计净残值 3 000 元，按直线法计提折旧。由于科学技术进步，该设备已不能按估计使用年限计提折旧，公司于 2014 年年初起变更该设备的使用年限为 6 年，预计净残值 1 000 元，以便真实反映××设备的耐用年限和净残值。该项会计估计变更影响本年度净利润减少 3 000 元[(9 000－5 000)×(1－25%)]。

### 11.3.4　会计差错调节调账规范与演练

（1）会计差错调节调账规范

会计差错更正指对企业在会计核算中，由于计量、确认、记录等方面出现的错误进行的纠正。根据企业会计差错发生期间的不同，其调账标准也有所区别，具体的调账规范如表11-10所示。

**表 11-10　会计差错更正的调账规范**

| 调账期间 | 调账规范 | |
|---|---|---|
| 属于当期的会计差错 | 企业对于发生属于当期的会计差错，应当调整当期相关项目 | |
| 本期发现前期会计差错 | 与资产负债表日后事项无关 | ①企业发生与以前期间相关的非重大会计差错，但应调整发现当期与前期相同的相关项目<br>②企业发现与以前期间相关的重大会计差错，如果影响损益，应将其对损益的影响数调整<br>③发现当期的期初留存收益，会计报表其他相关项目的期初数也应一并调整；如不影响损益，应调整会计报表相关项目的期初数。即调整发现当期资产负债表年初数、利润表和利润分配表上年数相关项目数字<br>④在编制比较会计报表时，对于比较会计报表期间的重大会计差错，应调整该期间的净损益和其他相关项目，视同该差错在产生的当期已经更正；对于比较会计报表期间以前的重大会计差错，应调整比较会计报表最早期间的期初留存收益，会计报表其他相关项目的数字也应一并调整 |
| | 与资产负债表日后事项有关 | ①年度资产负债表日至财务会计报告批准报出日之间发现的报告年度的会计差错及以前年度的非重大会计差错，应当按照资产负债表日后事项中的调整事项进行处理<br>②年度资产负债表日至财务会计报告批准报出日之间发现的报告年度以前年度的重大会计差错，应当调整以前年度的相关项目。即调整报告 |

（2）会计差错调节调账演练

### 演练 11-15：本期会计差错的更正调账

甲公司于2016年8月发现有一项固定资产在本年度漏提折旧4 000元。

此差错为本期发现的属于本期的会计误差，因此应调整本期相关项目，于发现时编制如下会计分录予以补提：

| | 借方 | 贷方 |
|---|---|---|
| 借：管理费用 | 4 000 | |
| 　　贷：累计折旧 | | 4 000 |

### 演练 11-16：以前年度会计差错的更正调账

甲公司于2016年发现2008年漏记了管理人员工资3 000元。

此差错为本期发现的属于以前年度的非重大会计差错，则2015年应编制如下更正分录：

| | 借方 | 贷方 |
|---|---|---|
| 借：管理费用 | 3 000 | |
| 　　贷：应付职工薪酬 | | 3 000 |

## 11. 3. 5　税务稽查账务调整规范与演练

（1）税务稽查账务调整规范

税务稽查账务调整是指纳税人在被依法税务稽查后，根据《税务处理决定书》或《税务行政处罚决定书》，对存在问题的错漏账项进行更正和调整。

纳税检查后及时调整账务，不仅能保证企业会计核算资料和成本计算的真实性，而且能够使税务机关的征收管理资料和企业的会计核算资料保持一致，防止和避免企业明补暗退或重复纳税的问题。

税务稽查账务调整的内容包括本年度错漏账目和上年度错漏账目，具体的调整规范如下。

① 本年度错漏账目的调整。

对商品及劳务税、财产税和其他各种检查的账务调整，一般不需要计算分摊，凡查补本年度的商品及劳务税、财产税和其他税，只需按照会计核算程序，调整本年度相关的账户即可。但对增值税一般纳税人，应设立“应交税费——增值税检查调整”专门账户核算应补（退）的增值税。凡检查后应调减账面进项税额或调增销项税额和进项税额转出的数额，借记有关科目，贷记本科目；凡检查后应调增账面进项税额或调减销项税额和进项税额转出的数额，做和上述相反的分录。全部调账事项入账后，应结转出本账户的余额，并对该余额进行处理。

a. 若余额在借方，全部视同留抵进项税额，按其借方余额数，借记“应交税费——应交增值税（进项税额）”科目，贷记本科目。

b. 若余额在贷方，且“应交税费——应交增值税”账户无余额，按其贷方余额数，借记本科目，贷记“应交税费——未交增值税”科目。

c. 若本账户余额在贷方，“应交税费——应交增值税”账户有借方余额且等于或大于这个贷方余额，按其贷方余额数，借记本科目，贷记“应交税费——应交增值税”科目。

d. 若本账户余额在贷方，“应交税费——应交增值税”账户有借方余额，但小于这个贷方余额，应将这两个账户的余额冲出，其差额贷记“应交税费——未交增值税”科目。

上述账务调整应按纳税期逐期进行。对所得税检查的账务调整，凡查出的会计利润误差额，直接通过“本年利润”科目进行调整，使错误问题得以纠正，调整分录为：借记有关科目，贷记本年利润。公司会计错误账项需调减利润的，会计分录为：借记本年利润，贷记有关科目。

此外，在所得税检查中，由于永久性差异而补缴的查补所得税款，只调整“所得税费用”和“应交税费——应交所得税”科目，对相关项目不作调整。对属于时间性差异的纳税调整，只调整“所得税费用”“递延税款”“应交税费——应交所得税”科目，即：

借：所得税费用
　　递延税款（或贷记递延税款）
　　贷：应交税费——应交所得税

② 上年度错漏账目的调整

上年度财务决算已经编报，成本费用账户已经结平，没有余额，纳税人不可能再去调整原来的损益类科目，只有通过“以前年度损益调整”科目进行调账。

a. 调整增加以前年度利润或减少以前年度亏损，借记有关科目，贷记本科目；调整减少以前年度利润或增加以前年度亏损做相反的会计分录。

b. 以前年度损益调整增加的所得税费用，借记本科目，贷记“应交税费——应交所得税”等科目；以前年度损益调整减少的所得税费用做相反的会计分录。

c. 经上述调整后，应将本科目的余额转入“利润分配——未分配利润”科目。本科目如为贷方余额，借记本科目，贷记“利润分配——未分配利润”科目；如为借方余额做相反的会计分录，本科目结转后应无余额。

### 演练 11-17：上年度账目的调整

税务机关 2016 年 5 月对某纳税人 2014 年度的纳税情况进行纳税检查时，发现该企业 2014 年将基建工程领用的原材料 20 000 元计入管理费用（增值税进项税额已经转出）。

基建工程领用的原材料应记入“在建工程”，该企业将其列入管理费用，等于虚增了成本，减少了当年利润，应调增在建工程成本，补交企业所得税，调增上年利润。

财务调整为：

借：在建工程　　20 000
　　贷：以前年度损益调整　　20 000

补交企业所得税 5 000 元(20 000×25%)。

借：以前年度损益调整　　5 000
　　贷：应交税费——应交所得税　　5 000

年末结转本年利润时：

借：以前年度损益调整　　25 000
　　贷：利润分配——未分配利润　　25 000

（2）税务稽查账务调整演练

### 演练 11-18：查获额为本年度的调账

2016 年 7 月，税务机关对甲企业一季度纳税情况进行检查，检查中发现该企业将外购分给职工的产品计入管理费用账户，企业账务处理为：

借：管理费用　　2 000
　　贷：银行存款　　2 000

正确账务调整为：

借：应付职工薪酬　　2 000
　　贷：管理费用　　2 000
借：管理费用　　2 000
　　贷：本年利润　　2 000

# 实账演练——财务报表的编制

## 12.1 资产负债表编制规范与演练

### 12.1.1 资产负债表编制规范

资产负债表是指反映企业在某一特定日期的财务状况的报表。资产负债表的主要作用是揭示企业的财务状况，包括财务实力、财务结构、财务风险、财务趋势等方面。

（1）资产负债表的结构

资产负债表一般有表首和正表两部分。表首概括地说明报表名称、编制单位、编制日期、报表编号、货币名称和计量单位。在我国，资产负债表采用账户式结构，报表分为左右两方，左边列示资产各项目，右边列示负债和所有者权益各项目，左右两方的合计数保持平衡。每个项目又分为“年初余额”和“期末余额”两栏分别填列。其具体格式如表12-1所示。

**表12-1 资产负债表**

会企01表

编制单位： ____年__月__日 单位：元

| 资产 | 期末余额 | 年初余额 | 负债和所有者权益（或股东权益） | 期末余额 | 年初余额 |
|---|---|---|---|---|---|
| 流动资产： | | | 流动负债： | | |
| 货币资金 | | | 短期借款 | | |
| 交易性金融资产 | | | 交易性金融负债 | | |
| 应收票据 | | | 应付票据 | | |
| 应收账款 | | | 应付账款 | | |
| 预付账款 | | | 预收账款 | | |
| 应收利息 | | | 应付职工薪酬 | | |
| 应收股利 | | | 应交税费 | | |
| 其他应收款 | | | 应付利息 | | |
| 存货 | | | 应付股利 | | |
| 一年内到期的非流动资产 | | | 其他应付款 | | |

续表

| 资产 | 期末余额 | 年初余额 | 负债和所有者权益（或股东权益） | 期末余额 | 年初余额 |
|---|---|---|---|---|---|
| 其他流动资产 | | | 一年内到期的非流动负债 | | |
| 流动资产合计 | | | 其他流动负债 | | |
| 非流动资产： | | | 流动负债合计 | | |
| 可供出售金融资产 | | | 非流动负债： | | |
| 持有至到期投资 | | | 长期借款 | | |
| 长期应收款 | | | 应付债券 | | |
| 长期股权投资 | | | 长期应付款 | | |
| 投资性房地产 | | | 专项应付款 | | |
| 固定资产 | | | 预计负债 | | |
| 在建工程 | | | 递延所得税负债 | | |
| 工程物资 | | | 其他非流动负债 | | |
| 固定资产清理 | | | 非流动负债合计 | | |
| 无形资产 | | | 负债合计 | | |
| 开发支出 | | | 所有者权益（或股东权益）： | | |
| 商誉 | | | 实收资本（或股本） | | |
| 长期待摊费用 | | | 资本公积 | | |
| 递延所得税资产 | | | 减：库存股 | | |
| 其他非流动资产 | | | 盈余公积 | | |
| 非流动资产合计 | | | 未分配利润 | | |
| | | | 所有者权益（或股东权益）合计 | | |
| 资产总计 | | | 负债和所有者权益（或股东权益）总计 | | |

（2）资产负债表的编制方法

资产负债表的数据主要来自会计账簿记录。

①“年初余额”的填列方法。

表 12-1 中“年初余额”栏内个项目数字，应根据上年末资产负债表“期末余额”栏内所列数字填列。如果本年度资产负债表规定的各个项目的名称和上年度不一致，应对上年末资产负债表各项目的名称和数字按照本年度的规定进行调整，按调整后的数字填入表 12-1“年初余额”栏目内。

②“期末余额”的填列方法。

“期末余额”栏内各项数字，根据会计期末各总账账户及其所属明细账户的余额填列。“期末余额”具体的填列方法有表 12-2 所示的五种。

**表 12-2 资产负债表“期末余额”栏各项目填列方法说明表**

| 填列方法 | 具体说明 |
|---|---|
| 根据总账账户的余额直接填列 | “交易性金融资产”“短期借款”“应付票据”“应付职工薪酬”“应交税费”等项目，应直接根据总账账户的期末余额填列 |

续表

| 填列方法 | 具体说明 |
| --- | --- |
| 根据若干个总账账户的期末余额计算填列 | “货币资金”项目,应根据“库存现金”“银行存款”“其他货币资金”账户期末余额的合计数填列<br>“存货”项目,应根据“材料采购”“原材料”“库存商品”“生产成本”“周转材料”“委托加工物资”“材料成本差异”“发出商品”等账户的期末余额合计,减去“存货跌价准备”等账户期末余额后的金额填列<br>“未分配利润”项目,应根据“本年利润”科目和“利润分配”科目的余额计算填列。未弥补的亏损,在本项目内以“—”号填列 |
| 根据明细账户的余额计算填列 | “应收账款”项目,应根据“应收账款”和“预收账款”科目所属各明细科目的期末借方余额合计减去“坏账准备”科目中有关应收账款计提的坏账准备期末余额后的金额填列<br>“预收款项”项目,应根据“应收账款”和“预收账款”账户所属明细账贷方余额之和填列<br>“应付账款”项目,应根据“应付账款”和“预付账款”账户所属明细账贷方余额之和填列<br>“预付款项”项目,应根据“预付账款”和“应付账款”科目所属各明细科目的期末借方余额合计数,减去“坏账准备”科目中有关预付款项计提的坏账准备期末余额后的金额填列 |
| 根据有关科目余额减备抵科目余额后的净额填列 | “应收账款”“长期股权投资”“在建工程”等项目,应当根据“应收账款”“长期股权投资”“在建工程”等科目期末余额减去“坏账准备”“长期股权投资减值准备”“在建工程减值准备”等科目余额后的净额填列<br>“固定资产”项目,应当根据“固定资产”科目的期末余额减去“累计折旧”“固定资产减值准备”备抵科目余额后的净额填列<br>“无形资产”项目,应当根据“无形资产”科目的期末余额,减去“累计摊销”“无形资产减值准备”备抵科目余额后的净额填列 |
| 根据总账余额和明细账余额计算填列 | “长期借款”项目,应根据“长期借款”总账账户余额扣除“长期借款”账户所属明细账户中将于一年内到期的长期借款后的金额计算填列 |

### 12.1.2　资产负债表编制演练

**演练　12-1：编制资产负债表**

甲公司和乙公司均为增值税一般纳税工业企业，其有关资料如下。

① 甲公司销售的产品、材料均为应纳增值税货物，增值税税率为17%，产品、材料销售价格中均不含增值税。

② 甲公司材料和产品均按实际成本核算，其销售成本随着销售同时结转。

③ 乙公司为甲公司的联营企业。公司对乙公司的投资占一共有表决权资本的25%。甲公司对乙公司的投资按权益法核算。

④ 甲公司2016年1月1日有关账户余额，如表12-3所示。

**表12-3　甲公司账户余额表**

| 资产类账户 | 借方余额 | 负债及所有者权益类账户 | 贷方余额 |
| --- | --- | --- | --- |
| 库存现金 | 500 | 短期借款 | 500 000 |
| 银行存款 | 400 000 | 应付票据 | 50 000 |
| 其他货币资金 | 0 | 应付账款 | 180 000 |
| 应收票据 | 230 000 | 预收账款 | 0 |
| 应收账款 | 200 000 | 应付职工薪酬 | 5 000 |

续表

| 资产类账户 | 借方余额 | 负债及所有者权益类账户 | 贷方余额 |
|---|---|---|---|
| 坏账准备 | －1 000 | 应交税费 | 12 000 |
| 预付账款 | 0 | 长期借款 | 1 260 000 |
| 其他应收款 | 200 | 实收资本 | 2 000 000 |
| 原材料 | 350 000 | 盈余公积 | 120 000 |
| 周转材料 | 30 000 | 利润分配(未分配利润) | 7 700 |
| 库存商品 | 80 000 | | |
| 长期股权投资——乙公司 | 600 000 | | |
| 固定资产 | 2 800 000 | | |
| 累计折旧 | －560 000 | | |
| 存货跌价准备 | | | |
| 无形资产 | 5 000 | | |
| 合　计 | 4 134 700 | 合　计 | 4 134 700 |

甲企业 2016 年度发生了如下经济业务。

① 购入原材料一批，增值税专用发票上注明的增值税税额为 51 000 元，原材料实际成本为 300 000 元。材料已经到达，并验收入库。企业开出商业承兑汇票。

② 销售给乙公司一批产品，销售价格 40 000 元，产品成本 32 000 元。产品已经发出，开出增值税专用发票，款项尚未收到（除增值税以外，不考虑其他税费）。

③ 对外销售一批原材料，销售价格 26 000 元，材料实际成本 18 000 元。销售材料已经发出，开出增值税专用发票。款项已经收到，并存入银行（除增值税以外，不考虑其他税费）。

④ 出售一台不需用设备给乙公司，设备账面原价 150 000 元，已提折旧 24 000 元，出售价格 180 000 元。出售设备价款已经收到，并存入银行（假设出售该设备不需缴纳增值税等有关税费）。

⑤ 按应收账款年末余额的 5‰计提坏账准备。

⑥ 用银行存款偿还到期应付票据 20 000 元，缴纳所得税 2 300 元。

⑦ 乙公司本年实现净利润 280 000 元，甲公司按投资比例确认其投资收益。

⑧ 摊销无形资产价值 1 000 元，计提管理用固定资产折旧 8 766 元。

⑨ 本年度所得税费用和应交所得税为 32 500 元，实现净利润 97 500 元，按净利润计提法定盈余共计 9 750 元。

根据上述业务情况，编制的甲公司有关经济业务的会计分录。

① 借：原材料　　300 000
　　应交税费——应交增值税（进项税额）　　51 000
　　贷：应付票据　　351 000

② 借：应收账款　　46 800
　　贷：主营业务收入　　40 000
　　　应交税费——应交增值税（销项税额）　　6 800

借：主营业务成本　　32 000
　　贷：库存商品　　32 000

③ 借：银行存款　　30 420
　　贷：其他业务收入　　26 000
　　　　应交税费　　4 420

借：其他业务成本　　18 000
　　贷：原材料　　18 000

④ 借：固定资产清理　　126 000
　　累计折旧　　24 000
　　贷：固定资产　　150 000

借：银行存款　　180 000
　　贷：固定资产清理　　180 000

借：固定资产清理　　54 000
　　贷：主营业务收入　　54 000

⑤ 资产减值损失＝[(200 000＋46 800)×5‰－1 000]＝234(元)

借：资产减值损失　　234
　　贷：坏账准备　　234

⑥ 借：应付票据　　20 000
　　应交税费——应交所得税　　2 300
　　贷：银行存款　　22 300

⑦ 借：长期股权投资——乙公司（损益调整）　　70 000
　　贷：投资收益　　70 000

⑧ 借：管理费用　　1 000
　　贷：累计摊销　　1 000

借：管理费用　　8 766
　　贷：累计折旧　　8 766

⑨ 借：所得税费用　　32 500
　　贷：应交税费——应交所得税　　32 500

借：主营业务收入　　40 000
　　其他业务收入　　26 000
　　投资收益　　70 000
　　营业外收入　　54 000
　　贷：本年利润　　190 000

借：本年利润　　60 000
　　贷：主营业务成本　　32 000
　　　　其他业务成本　　18 000
　　　　管理费用　　9 766
　　　　资产减值损失　　234

借：本年利润　32 500
　　贷：所得税费用　32 500
借：本年利润　97 500
　　贷：利润分配——未分配利润　97 500
借：利润分配——提取盈余公积　9 750
　　贷：盈余公积　9 750
借：利润分配——未分配利润　9 750
　　贷：利润分配——提取盈余公积　9 750

根据上述会计分录编制资本负债表，如表 12-4 所示。

**表 12-4　资产负债表**

会企 01 表

编制单位：　　　　____年__月__日　　　　单位：元

| 资产 | 期末余额 | 年初余额 | 负债和所有者权益（或股东权益） | 期末余额 | 年初余额 |
|---|---|---|---|---|---|
| 流动资产： | | | 流动负债： | | |
| 货币资金 | 588 620 | 400 500 | 短期借款 | 500 000 | 500 000 |
| 交易性金融资产 | | 0 | 交易性金融负债 | 0 | 0 |
| 应收票据 | 230 000 | 230 000 | 应付票据 | 381 000 | 50 000 |
| 应收账款 | 245 566 | 199 000 | 应付账款 | 180 000 | 180 000 |
| 预付账款 | 0 | 0 | 预收账款 | 0 | 0 |
| 应收利息 | 0 | 0 | 应付职工薪酬 | 5 000 | 5 000 |
| 应收股利 | 0 | 0 | 应交税费 | 2 420 | 12 000 |
| 其他应收款 | 200 | 200 | 应付利息 | 0 | 0 |
| 存货 | 710 000 | 460 000 | 应付股利 | 0 | 0 |
| 一年内到期的非流动资产 | 0 | 0 | 其他应付款 | 0 | 0 |
| 其他流动资产 | 0 | 0 | 一年内到期的非流动负债 | 0 | 0 |
| 流动资产合计 | 1 774 386 | 1 289 700 | 其他流动负债 | 0 | 0 |
| 非流动资产： | | | 流动负债合计 | 1 068 420 | 747 000 |
| 可供出售金融资产 | 0 | 0 | 非流动负债： | | |
| 持有至到期投资 | 0 | 0 | 长期借款 | 1 260 000 | 1 260 000 |
| 长期应收款 | 0 | 0 | 应付债券 | 0 | 0 |
| 长期股权投资 | 670 000 | 600 000 | 长期应付款 | 0 | 0 |
| 投资性房地产 | 0 | 0 | 专项应付款 | 0 | 0 |
| 固定资产 | 2 105 234 | 2 240 000 | 预计负债 | 0 | 0 |
| 在建工程 | 0 | 0 | 递延所得税负债 | 0 | 0 |
| 工程物资 | 0 | 0 | 其他非流动负债 | 0 | 0 |
| 固定资产清理 | 0 | 0 | 非流动负债合计 | 1 260 000 | 1 260 000 |
| 生产性生物资产 | 0 | 0 | 负债合计 | 2 328 420 | 2 007 000 |
| 无形资产 | 4 000 | 5 000 | 所有者权益（或股东权益）： | | |

续表

| 资产 | 期末余额 | 年初余额 | 负债和所有者权益（或股东权益） | 期末余额 | 年初余额 |
|---|---|---|---|---|---|
| 开发支出 | 0 | 0 | 实收资本（或股本） | 2 000 000 | 2 000 000 |
| 商誉 | 0 | 0 | 资本公积 | 0 | 0 |
| 长期待摊费用 | 0 | 0 | 减：库存股 | 0 | 0 |
| 递延所得税资产 | 0 | 0 | 盈余公积 | 129 750 | 120 000 |
| 其他非流动资产 | 0 | 0 | 未分配利润 | 95 450 | 7 700 |
| 非流动资产合计 | 2 779 234 | 2 845 000 | 所有者权益（或股东权益）合计 | 2 225 200 | 2 127 700 |
| 资产总计 | 4 553 620 | 4 134 700 | 负债和所有者权益（或股东权益）总计 | 4 553 620 | 4 134 700 |

## 12.2 利润表编制规范与演练

### 12.2.1 利润表编制规范

利润表是指反映企业在一定会计期间经营成果的报表。

（1）企业利润表的结构

利润表有表首和正表两部分。表首包括报表名称、编制单位、编制日期、报表编号、货币名称和计量单位。正表是利润表的主体，反映形成经营成果的各个项目和计算过程。在我国，企业利润表采用多步式结构，每个项目分为“本期金额”和“上期金额”两栏分别填列。其具体格式如表 12-5 所示。

**表 12-5 利润表**

会企 02 表

编制单位：　　　　＿＿年＿月　　　　单位：元

| 项目 | 本期金额 | 上期金额 |
|---|---|---|
| 一、营业收入 | | |
| 减：营业成本 | | |
| 税金及附加 | | |
| 销售费用 | | |
| 管理费用 | | |
| 财务费用 | | |
| 资产减值损失 | | |
| 加：公允价值变动损益（损失以“－”填列） | | |
| 投资收益（损失以“－”填列） | | |
| 其中：对联营企业和合营企业的投资收益 | | |
| 二、营业利润（亏损以“－”号填列） | | |
| 加：营业外收入 | | |

续表

| 项目 | 本期金额 | 上期金额 |
| --- | --- | --- |
| 减：营业外支出 | | |
| 其中：非流动资产处置损失 | | |
| 三、利润总额（亏损总额以“－”号填列） | | |
| 减：所得税费用 | | |
| 四、净利润（净亏损以“－”号填列） | | |
| 五、每股收益 | | |
| （一）基本每股收益 | | |
| （二）稀释每股收益 | | |

（2）企业利润表的编制方法

利润表中“上期金额”栏反映各项目上月（或上年）的实际发生数，应根据上期利润表进行填列。“本期金额”栏反映各项目本月（或本年）的实际发生数，企业利润表“本期金额”栏中各项目的具体填列方法如表 12-6 所示。

**表 12-6 利润表“本期金额”栏各项目填列方法说明表**

| 项目 | 填列方法 |
| --- | --- |
| 营业收入 | 反映企业经营业务所得的收入总额。本项目应根据“主营业务收入”和“其他业务收入”账户的发生额合计填列 |
| 营业成本 | 反映企业经营业务发生的实际成本。本项目应根据“主营业务成本”和“其他业务成本”账户的发生额合计填列 |
| 税金及附加 | 反映企业经营业务应负担的消费税、城市维护建设税、土地增值税和教育费附加等。本项目应根据“税金及附加”账户的发生额填列 |
| 销售费用 | 反映企业在销售商品和商品流通企业在购入商品等过程中发生的费用。本项目应根据“销售费用”账户的发生额填列 |
| 管理费用 | 反映企业行政管理部门发生的费用。本项目应根据“管理费用”账户发生额填列 |
| 财务费用 | 反映企业发生的利息费用。本项目应根据“财务费用”账户的发生额填列 |
| 资产减值损失 | 反映企业发生的各项减值损失。本项目应根据“资产减值损失”账户发生额填列 |
| 公允价值变动损益 | 反映企业交易性金融资产等公允价值变动所形成的当期利得和损失。本项目应根据“公允价值变动损益”账户的发生额填列 |
| 投资收益 | 反映企业以各种方式对外投资所取得的收益。本项目应根据“投资收益”账户的发生额填列，如为投资损失，以“－”号填列 |
| 营业外收入和支出 | 反映企业发生的与其生产经营无直接关系的各项收入和支出。这两个项目应分别根据“营业外收入”账户和“营业外支出”账户的发生额填列 |
| 所得税费用 | 反映企业根据企业所得税法确定的，应从当期利润总额中扣除的所得税费用。本项目应根据“所得税费用”账户的发生额填列 |
| 净利润 | 反映企业当期实现的净利润。本项目应根据利润总额扣除所得税费用后的金额填列，如为净亏损，以“－”号填列 |

### 12.2.2 利润表编制演练

**演练** 12-2：编制利润表

承演练 12-1 的甲公司业务资料，编制利润表，如表 12-7 所示。

表 12-7　利润表

会企 02 表

编制单位：　　　　　　　　　　　　年　月　　　　　　　　　　　　单位：元

| 项目 | 本期金额 | 上期金额 |
|---|---|---|
| 一、营业收入 | 66 000 | |
| 减：营业成本 | 50 000 | |
| 税金及附加 | 0 | |
| 销售费用 | 0 | |
| 管理费用 | 97 660 | |
| 财务费用 | 0 | |
| 资产减值损失 | 234 | |
| 加：公允价值变动损益（损失以“－”填列） | 0 | |
| 投资收益（损失以“－”填列） | 70 000 | |
| 其中：对联营企业和合营企业的投资收益 | | |
| 二、营业利润（亏损以“－”号填列） | 76 000 | |
| 加：营业外收入 | 54 000 | |
| 减：营业外支出 | 0 | |
| 其中：非流动资产处置损失 | | |
| 三、利润总额（亏损总额以“－”号填列） | 130 000 | |
| 减：所得税费用 | 32 500 | |
| 四、净利润（净亏损以“－”号填列） | 97 500 | |
| 五、每股收益 | | |
| （一）基本每股收益 | | |
| （二）稀释每股收益 | | |

## 12.3 现金流量表编制规范与演练

### 12.3.1 现金流量表编制规范

现金流量表是指反映企业在一定会计期间现金和现金等价物流入和流出的报表。

（1）现金流量表的结构

现金流量表采用报告式结构，分类反映经营活动产生的现金流量、投资活动产生的现金流量和筹资活动产生的现金流量，最后汇总反映企业某一期间现金及现金等价物净增加额。现金流量表的具体格式如表 12-8 所示。

**表 12-8 现金流量表**

会企03表

编制单位：　　　　　　　　　　　　　＿＿年＿月　　　　　　　　　　　　　　　单位：元

| 项目 | 本期金额 | 上期金额 |
|---|---|---|
| 一、经营活动产生的现金流量 | | |
| 销售商品、提供劳务收到的现金 | | |
| 收到的税费返还 | | |
| 收到的其他与经营活动有关的现金 | | |
| 经营活动现金流入小计 | | |
| 购买商品、接受劳务支付的现金 | | |
| 支付给职工及为职工支付的现金 | | |
| 支付的各种税费 | | |
| 支付其他与经营活动有关的现金 | | |
| 经营活动现金流出小计 | | |
| 经营活动产生的现金流量净额 | | |
| 二、投资活动产生的现金流量 | | |
| 收回投资所收到的现金 | | |
| 取得投资收益所收到的现金 | | |
| 处置固定资产、无形资产和其他长期资产收回的现金净额 | | |
| 处置子公司及其他营业单位收到的现金净额 | | |
| 收到的其他与投资活动有关的现金 | | |
| 投资活动现金流入小计 | | |
| 购建固定资产、无形资产和其他长期资产支付的现金 | | |
| 投资所支付的现金 | | |
| 取得子公司及其他营业单位支付的现金净额 | | |
| 支付的其他与投资活动有关的现金 | | |
| 投资活动现金流出小计 | | |
| 投资活动产生的现金流量净额 | | |
| 三、筹资活动产生的现金流量 | | |
| 吸收投资收到的现金 | | |
| 取得借款收到的现金 | | |
| 收到的其他与筹资活动有关的现金 | | |
| 筹资活动现金流入小计 | | |
| 偿还债务支付的现金 | | |
| 分配股利、利润或偿付利息所支付的现金 | | |
| 支付的其他与筹资活动有关的现金 | | |
| 筹资活动现金流出小计 | | |
| 筹资活动产生的现金流量净额 | | |
| 四、汇率变动对现金及现金等价物的影响 | | |
| 五、现金及现金等价物净增加额 | | |
| 加：期初现金及现金等价物余额 | | |
| 六、期末现金及现金等价物余额 | | |

（2）现金流量表的填列方法

现金流量表各项目具体的填列方法如表 12-9 所示。

**表 12-9　现金流量表各项目填列方法说明表**

| 项目 | 内容 | 具体说明 |
|---|---|---|
| 经营活动产生的现金流量 | 销售商品、提供劳务收到的现金 | 反映企业本期和前期销售商品、提供劳务收到的现金及本期预收的款项 |
| | 收到的税费返还 | 反映企业收到返还的所得税、增值税、消费税、关税和教育费附加等各种税费返还款 |
| | 收到其他与经营活动有关的现金 | 反映企业除上述各项目外，收到的其他与经营活动有关的现金，如罚款收入、经营租赁固定资产收到的现金、投资性房地产收到的租金收入、流动资产损失中由个人赔偿的现金收入、除税费返还外的其他政府补助收入等 |
| | 购买商品、接受劳务支付的现金 | 反映企业购买材料、商品、接受劳务实际支付的现金，以及本期支付前期购入商品、接受劳务等未付款项和本期预付款项，减去本期发生的购货退回收到的现金 |
| | 支付给职工以及为职工支付的现金 | 反映企业实际支付给职工的工资、奖金、各种津贴和补贴等，以及为职工支付的其他现金，但应由在建工程、无形资产负担的职工薪酬及支付的离退休人员工资除外 |
| | 支付的各项税费 | 反映企业按规定支付的各种税费，包括本期发生并支付的税费、本期支付以前各期发生的税费和预交的税费，但计入固定资产价值、实际支付的耕地占用税、本期退回的增值税与所得税等除外 |
| | 支付其他与经营活动有关的现金 | 该项目反映企业除上述各项目外所支付的其他与经营活动有关的现金，如经营租赁支付的租金、支付的罚款、差旅费、业务招待费、保险费等 |
| 投资活动产生的现金流量 | 收回投资收到的现金 | 反映企业出售、转让或到期收回除现金等价物以外的对其他企业的交易性金融资产、长期股权投资收到的现金。本项目可根据“交易性金融资产”“长期股权投资”等科目的记录分析填列 |
| | 取得投资收到的现金 | 反映企业交易性金融资产分得的现金股利，从子公司、联营企业或合营企业分回利润、现金股利而收到的现金，因债权性投资而取得的现金利息收入。本项目可以根据“应收股利”“应收利息”“投资收益”“库存现金”“银行存款”等科目的记录分析填列 |
| | 处置子公司及其他营业单位收到的现金净额 | 反映企业处置子公司及其他营业单位所取得的现金，减去相关处置费用以及子公司及其他营业单位持有的现金和现金等价物后的净额。本项目可以根据“长期股权投资”“银行存款”“库存现金”等科目的记录分析填列 |
| | 购建固定资产、无形资产和其他长期资产支付的现金 | 反映企业购买、建造固定资产、取得无形资产和其他长期资产所支付的现金（含增值税款等），以及用现金支付的应由在建工程和无形资产负担的职工薪酬，本项目可以根据“固定资产”“在建工程”“工程物资”“无形资产”“库存现金”“银行存款”等科目的记录分析填列 |
| | 投资支付的现金 | 反映企业取得除现金等价物以外的对其他企业的权益工具、债务工具和合营中的权益投资所支付的现金，包括除现金等价物以外的交易性金融资产、长期股权投资，以及支付的佣金、手续费等交易费用。本项目可以根据“交易性金融资产”“长期股权投资”等科目的记录分析填列 |
| | 取得子公司及其他营业单位支付的现金净额 | 该项目反映企业购买子公司及其他营业单位购买出价中以现金支付的部分，减去子公司及其他营业单位持有的现金和现金等价物后的净额。本项目可以根据“长期股权投资”“库存现金”“银行存款”等科目的记录分析填列 |

续表

| 项目 | 内容 | 具体说明 |
| --- | --- | --- |
| 投资活动产生的现金流量 | 支付其他与投资活动有关的现金 | 除上述各项投资活动以外,支付的其他与投资活动有关的现金流出 |
| 筹资活动产生的现金流量 | 吸收投资收到的现金 | 反映企业以发行股票、债券等方式筹集资金实际收到的款项,减去直接支付给金融企业的佣金、手续费、宣传费、咨询费等发行费用后的净额。本项目可以根据“实收资本”“资本公积”“库存现金”“银行存款”等科目的记录分析填列 |
| | 取得借款收到的现金 | 该项目反映企业举借各种短期、长期借款而收到的现金。本项目可以根据“短期借款”“长期借款”“应付债券”“库存现金”“银行存款”等科目的记录分析填列 |
| | 收到其他与筹资活动有关的现金 | 反映企业除上述各项目外,收到的其他与筹资活动有关的现金流入,如“接受现金捐赠”等。本科目可根据有关科目记录分析填列 |
| | 偿还债务支付的现金 | 该项目反映企业偿还债务本金所支付的现金,包括偿还金融企业的借款本金、偿还债券本金等。本项目可以根据“短期借款”“长期借款”“应付债券”等科目的记录分析填列 |
| | 分配股利、利润或偿付利息支付的现金 | 该项目反映企业实际支付的现金股利、支付给其他投资单位的利润或用现金支付的借款利息、债券利息等。本项目可以根据“应付股利”“应付利息”“在建工程”“制造费用”“研发支出”“财务费用”等科目的记录分析填列 |
| | 支付其他与筹资活动有关的现金 | 除上述各项筹资活动以外,支付的其他与筹资活动有关的现金流出 |

### 12.3.2 现金流量表编制演练

演练 12-3:编制现金流量表

承演练 12-1 和演练 12-2,编制的现金流量表,如表 12-10 所示。

**表 12-10 现金流量表**

会企 03 表

编制单位: ____年__月 单位:元

| 项目 | 行次 | 本期金额 | 上期金额 |
| --- | --- | --- | --- |
| 一、经营活动产生的现金流量 | | | |
| 销售商品、提供劳务收到的现金 | 1 | 30 420 | |
| 收到的税费返还 | 2 | 0 | |
| 收到的其他与经营活动有关的现金 | 3 | 0 | |
| 经营活动现金流入小计 | 4 | 30 420 | |
| 购买商品、接受劳务支付的现金 | 5 | 20 000 | |
| 支付给职工及为职工支付的现金 | 6 | 0 | |
| 支付的各种税费 | 7 | 2 300 | |
| 支付其他与经营活动有关的现金 | 8 | 0 | |
| 经营活动现金流出小计 | 9 | 22 300 | |
| 经营活动产生的现金流量净额 | 10 | 8 120 | |

续表

| 项目 | 行次 | 本期金额 | 上期金额 |
|---|---|---|---|
| 二、投资活动产生的现金流量 | | | |
| 收回投资所收到的现金 | 11 | 0 | |
| 取得投资收益所收到的现金 | 12 | 0 | |
| 处置固定资产、无形资产和其他长期资产收回的现金净额 | 13 | 180 000 | |
| 处置子公司及其他营业单位收到的现金净额 | 14 | 0 | |
| 收到的其他与投资活动有关的现金 | 15 | 0 | |
| 投资活动现金流入小计 | 16 | 0 | |
| 购建固定资产、无形资产和其他长期资产支付的现金 | 17 | 0 | |
| 投资所支付的现金 | 18 | 0 | |
| 取得子公司及其他营业单位支付的现金净额 | 19 | 0 | |
| 支付的其他与投资活动有关的现金 | 20 | 0 | |
| 投资活动现金流出小计 | 21 | 0 | |
| 投资活动产生的现金流量净额 | 22 | 180 000 | |
| 三、筹资活动产生的现金流量 | | | |
| 吸收投资收到的现金 | 23 | 0 | |
| 取得借款收到的现金 | 24 | 0 | |
| 收到的其他与筹资活动有关的现金 | 25 | 0 | |
| 筹资活动现金流入小计 | 26 | 0 | |
| 偿还债务支付的现金 | 27 | 0 | |
| 分配股利、利润或偿付利息所支付的现金 | 28 | 0 | |
| 支付的其他与筹资活动有关的现金 | 29 | 0 | |
| 筹资活动现金流出小计 | 30 | 0 | |
| 筹资活动产生的现金流量净额 | 31 | 0 | |
| 四、汇率变动对现金及现金等价物的影响 | | 0 | |
| 五、现金及现金等价物净增加额 | 32 | 188 120 | |
| 加:期初现金及现金等价物余额 | 33 | 400 500 | |
| 六、期末现金及现金等价物余额 | 34 | 588 120 | |

## 12.4 所有者权益变动表编制规范与演练

### 12.4.1 所有者权益变动表编制规范

所有者权益变动表是反映企业一定时期内所有者权益变动情况的报表。

(1) 所有者权益变动表的结构

所有者权益变动表以矩阵的形式列示，各项目均分为“本年金额”和“上年金额”两个栏目。横向为所有者权益的相关科目，包括“实收资本（或股本）”“资本公积”“盈余公积”“利润分配”“库存股”。纵向为所有者权益的变动过程，包括变动事项和相关余额。所有者权益变动表的格式说明如表12-11所示。

**表12-11 所有者权益变动表**

会企04表

编制单位： ____年 单位：元

| 项目 | 本年金额 | | | | | | 上年金额 |
|---|---|---|---|---|---|---|---|
| | 实收资本（或股本） | 资本公积 | 减：库存股 | 盈余公积 | 利润分配 | 所有者权益合计 | （略） |
| 一、上年年末余额 | | | | | | | |
| 加：会计政策变更 | | | | | | | |
| 前期差错更正 | | | | | | | |
| 二、本年年初余额 | | | | | | | |
| 三、本年增减变动金额（减少以“－”号填列） | | | | | | | |
| （一）净利润 | | | | | | | |
| （二）直接计入所有者权益的利得和损失 | | | | | | | |
| 1. 可供出售金融资产公允价值变动净额 | | | | | | | |
| 2. 权益法下被投资单位其他所有者权益变动的影响 | | | | | | | |
| 3. 与计入所有者权益项目相关的所得税影响 | | | | | | | |
| 4. 其他 | | | | | | | |
| 上述（一）与（二）小计 | | | | | | | |
| （三）所有者投入和减少资本 | | | | | | | |
| 1. 所有者投入资本 | | | | | | | |
| 2. 股份支付计入所有者权益的金额 | | | | | | | |
| 3. 其他 | | | | | | | |
| （四）利润分配 | | | | | | | |
| 1. 提取盈余公积 | | | | | | | |
| 2. 对所有者（或股东）的分配 | | | | | | | |
| 3. 其他 | | | | | | | |
| （五）所有者权益内部结转 | | | | | | | |
| 1. 资本公积转增资本（或股本） | | | | | | | |
| 2. 盈余公积转增资本（或股本） | | | | | | | |
| 3. 盈余公积弥补亏损 | | | | | | | |
| 4. 其他 | | | | | | | |
| 四、本年年末余额 | | | | | | | |

（2）所有者权益变动表的填列方法

所有者权益变动表中涉及的是所有者权益类的各个账户，反映企业所有者收益各项目的增减变化。各项目应根据“实收资本（股本）”“资本公积”“盈余公积”“库存股”“利润分配”各明细账户的本年年初余额、借方发生额、贷方发生额、年末余额分析填列，增加金额用“+”号填列，减少金额用“-”号填列。

① 所有者权益变动表各项目的填列。所有者权益变动表各项目的填列方法如表 12-12 所示。

表 12-12　所有者权益变动表各项目填列方法说明表

| 项目 | 具体说明 |
|---|---|
| 上年年末余额 | 反映上年资产负债表中实收资本(或股本)、资本公积、库存股、盈余公积、未分配利润的年末余额 |
| 会计政策变更和前期差错更正 | 分别反映采用追溯调整法处理的会计政策变更的累积影响金额和采用追溯重述法处理的会计差错更正的累积影响金额。影响的项目主要涉及“盈余公积”“未分配利润”项目。根据“盈余公积”“利润分配”账户的发生额分析填列 |
| 本期增减变动金额 | “净利润”项目,反映企业当年实现的净利润(或净亏损)金额,并对应列在“未分配”利润栏<br>“直接计入所有者权益的利得和损失”项目,反映企业当年直接计入所有者权益的利得和损失金额<br>“所有者投入和减少资本”项目,反映企业当年所有者投入的资本和减少的资本。其中:“所有者投入资本”项目,反映企业接受投资者投入形成的实收资本(或股本)和资本溢价或股本溢价,并对应列在“实收资本”和“资本公积”栏;“股份支付所有者权益的金额”项目,反映企业处于等待期中的权益结算的股份支付当年计入资本共计的金额,并对应列在“资本公积”栏<br>“利润分配”项目下的各项目,反映当年对所有者(或股东)分配的利润(或股利)金额和按照规定提取的盈余公积金额,并对应列在“未分配利润”和“盈余公积”栏<br>“所有者权益内部结转”项目下的各项目,反映不影响当年所有者权益总额的所有者权益各组成部分之间当年的增减变动,包括资本公积转增资本(或股本)、盈余公积转增资本(或股本)、盈余公积弥补亏损等项金额 |

② “上年金额”和“本年金额”栏的填列说明。所有者权益变动表“上年金额”栏内各项数字，应根据上年度所有者权益变动表“本年金额”栏内所有数字填列。如果上年度所有者权益变动表规定的各个项目的名称和内容同本年度不相一致，应对上年度所有者权益变动表各项目的名称和数字按本年度的规定进行调整，填入所有者权益变动表“上年金额”栏内。

所有者权益变动表“本年金额”栏内各项数字，一般应根据“实收资本（或股本）”“资本公积”“盈余公积”“利润分配”“库存股”“以前年度损益调整”账户的发生额分析填列。

### 12.4.2　所有者权益变动表编制演练

**演练　12-4：编制所有者权益变动表**

承演练 12-1、演练 12-2 及甲企业的有关业务资料，编制的所有者权益变动表，具体的工作步骤如下。

① 先根据资产负债表中的期初余额，将所有者权益项目填入所有者权益变动表“本年年初余额”项目中。

② 分析经济业务，按照所有者权益变动表的各个项目，查找与所有者权益相关的企业经济业务，将数据填入表中。

③ 将所有者权益各项目从“年初余额”调整“本年增减变动”得到所有者权益项目的

“本年年末余额”，完成所有者权益变动表的编制。

甲企业的所有者权益变动表，如表 12-13 所示。

**表 12-13 所有者权益变动表**

会企 04 表

编制单位： ____年 单位：元

| 项目 | 本年金额 | | | | | | 上年金额 |
|---|---|---|---|---|---|---|---|
| | 实收资本（或股本） | 资本公积 | 减：库存股 | 盈余公积 | 未分配利润 | 所有者权益合计 | （略） |
| 一、上年年末余额 | 2 000 000 | | | 120 000 | 7 700 | 2 127 700 | |
| 加：会计政策变更 | | | | | | | |
| 前期差错更正 | | | | | | | |
| 二、本年年初余额 | 2 000 000 | | | 120 000 | 7 700 | 2 127 700 | |
| 三、本年增减变动金额（减少以“－”号填列） | | | | 9 750 | 87 750 | 97 500 | |
| （一）净利润 | | | | | | | |
| （二）直接计入所有者权益的利得和损失 | | | | | | | |
| 1. 可供出售金融资产公允价值变动净额 | | | | | | | |
| 2. 权益法下被投资单位其他所有者权益变动的影响 | | | | | | | |
| 3. 与计入所有者权益项目相关的所得税影响 | | | | | | | |
| 4. 其他 | | | | | | | |
| 上述（一）与（二）小计 | | | | 97 500 | 97 500 | | |
| （三）所有者投入和减少资本 | | | | | | | |
| 1. 所有者投入资本 | | | | | | | |
| 2. 股份支付计入所有者权益的金额 | | | | | | | |
| 3. 其他 | | | | | | | |
| （四）利润分配 | | | | | | | |
| 1. 提取盈余公积 | | | 9 750 | －9 750 | | | |
| 2. 对所有者（或股东）的分配 | | | | | | | |
| 3. 其他 | | | | | | | |
| （五）所有者权益内部结转 | | | | | | | |
| 1. 资本公积转增资本（或股本） | | | | | | | |
| 2. 盈余公积转增资本（或股本） | | | | | | | |
| 3. 盈余公积弥补亏损 | | | | | | | |
| 4. 其他 | | | | | | | |
| 四、本年年末余额 | 2 000 000 | | | 129 750 | 95 450 | 2 225 200 | |